ラグビーの逆襲

勝手に本気に
“再メジャー化計画”!

木部克彦
with 四家秀治

言視舎

プロローグ

なぜ、ラグビーの逆襲か

テレビ中継が少なくなったと感じませんか？　新聞の運動面の扱いも、このところかなり冷たい気がします。秋から翌年春がシーズンのラグビーのことですよ。

日本のラグビーはいつから「マイナースポーツ」になってしまったのでしょうか。このままでは、「伝統技術」とか「古典芸能」の世界といった「ほうほう、そういうものもありますなあ」といった存在になってしまうのでは。いやいや、恐竜のように、かつて地球を支配したのに、絶滅してしまったらどうしようかなあ。

ラグビーファンの僕は、それを心配しています。

▼かつてラグビーは「メジャー」であった

日本のスポーツ史上、ラグビーは野球などと並んで「メジャースポーツ」でした。

関東の早稲田、明治、関西の同志社などを頂点とした大学ラグビーの人気は絶大だったし、日本選手権における新日鉄釜石の7連覇、その後の神戸製鋼の7連覇。6万人の国立競技場スタンドが満員になることが当然だったのです。ラグビーは日本のスポーツファンの中で「確固たる地位」を築いてきたのでした。

スクラム、ノーサイド……、ラグビー用語はスポーツの枠を超えて、広く「日本語」として定着しました。

個々のプレーヤーたちも個性的でした。名前を言えば、その顔が浮かんでくる人たちばかりでした。

世界のサカタたる近鉄の名ウイング坂田好弘は、僕らにとってすでに伝説の人です。ですから釜石7連覇以降で言うと、釜石のスタンドオフ松尾雄治、センター森重隆らが展開ラグビーの魅力を存分にアピール。神戸製鋼ではイケメンのスタンドオフ平尾誠二、野人のようなロック大八木淳史、古武士然としたロック林敏之といった役者たちが、ラグビーファン以外にも知られていたのでした。早稲田で1年生から活躍したフルバック今泉清、スクラムハーフ堀越正巳、明治では小柄な身体で疾走するウイング吉田義人らの名前と顔が浮かびます。

第一、そのもっと以前の昭和40年代初めから、日本テレビ「日曜夜8時の青春ドラマ」では、高校ラグビー部と熱血教師の『青春とはなんだ』『でっかい青春』『われら青春』などが高視聴率を獲得していました。さらには、山口良治監督率いる京都・伏見工高の全国制覇までの道のりをモデルにした『スクール☆ウォーズ』まで、テレビ番組の素材として極めて貴重な存在だったんです。こうしたラグビードラマに刺激を受けて、楕円球を持って走り始めた子どもたちがどれほど多かったことでしょうか。

▼あからさまな人気凋落

ところが、現在のラグビー人気はどうでしょうか。

伝統の社会人ラグビーが、2003~2004年シーズンに念願のプロである「トップリーグ」になったとはいえ、テレビ中継も少ない。新聞記事の面積も狭くなる一方です。2010年、ある全国紙の運動面では、関西大学ラグビーの優勝決定が、見出しさえない、単なる記録の掲載のみでした。東京本社発行版の紙面とはいえ「人気低迷もここまできたか」と、僕は絶望感につつまれたのです。

高校では、1校で15人のチームを組めないところが続出しています。この先、全国高校大会の開催に黄信号がともるかもしれません。

誇大表現が大好きなスポーツメディアなら、野球のワールド・ベースボール・クラシックとか、サッカーのワールドカップとか、オリンピックだと「日本中の期待が集まり……」ですよね。日頃冷たい扱いの女子サッカーでも、2011年7月のワールドカップ優勝に、「日本中が歓喜……」（大震災で「日本中」が衝撃を受けるのは当然でしょうが、スポーツイベントに「日本中」が注目することなど、冷静に考えればありえないことですが）となりました。なんともオーバーな表現をします。

なのに、ラグビーのワールドカップでは「ラグビーファン待望の戦いが……」といった、世界大会らしからぬ「冷静さ」を保っています。

明らかに「マイナースポーツ」のノリなんですね。

高校でラグビーをかじった僕にしても、10年ほど前までは、夜の街なんかでお店のきれいな女性に「昔ラグビーやってたんだ」と言えば、「あら、素敵。男らしいわね。試合を見に行ったりするんでしょう？　連れてってくださらない？」なんて展開になったものです。ところが、今や、「若い頃ラグビーに熱中して……」とささやいても、「押し合いへし合いで、倒して倒されての、アレでしょう、物好きな？」はいい方で、「ラグビー……ですか。どういうスポーツでしたっけ」で、その後も話が盛り下がる一方で。

▼「逆襲」のために提言します

個人的なことはさておき、ラグビーの人気の低下は、たまらなくくやしい。

球技であり格闘技、さらには組織論・人生哲学・宗教論まで、人間に必要なありとあらゆる要素が詰まった「スポーツ・オブ・スポーツ」だと確信している身にはつらい現状です。「少年（少女）を大人に導き」、「大人を少年（少女）に戻してしまう」そんな素晴らしいスポーツなのに。

日本では悲しいことにマイナースポーツになりかけているラグビーを、メジャースポーツに復権させるには、どうしたらいいのでしょうか。

言うまでもなく、復権にはファンの拡大が欠かせません。

野球、サッカー、大相撲……、それぞれのスポーツではプレー経験がなくても、「見て面白い」からファンが増えます。盛り上がります。

一方のラグビー。

「ルールが複雑で、見ていて分からない。とっつきにくいね」

そんな声が圧倒的。

「テレビ中継も少ないし、新聞にも大きく載らないから、いつシーズンが始まって、いつ終わるのか分からないよ」

そんな声さえ聞こえます。

これではいけません。

ラグビーを好きな人は、黙っていてもラグビーを見ます。支えてくれます。問題は、スポーツを観戦する人の中で大多数を占める「プレー経験がないものの、観戦することに熱中してくれるファン」をいかに惹きつけるかでしょう。なんと言っても、8年後の2019年には日本でワールドカップが開かれるのですからね。

そんなラグビーが「再びメジャースポーツになる日」への逆襲作戦を考えたのが本書です。

なにより、ラグビーは「見ていて最高に楽しいスポーツ」です。

「ルールがしょっちゅう変わって、分かりにくい」

「専門用語が多すぎる」

「人がごちゃごちゃ集まっているばかりで、ボールが見えないしねえ」

ごもっとも。それらは当たっています。改革しなけりゃいけない点はたくさんあります。

それは事実として、僕は思います。

「複雑？　いやいや慣れの問題よ。もっと単純なものだから、ラグビー観戦の魅力って」

友達同士でビール・日本酒・ワインをかかえてラグビー場へ。ラグビーを肴に盛り上がる「酔いどれラグビーファン」の僕は、そういうお気楽なファンを増やしたくて仕方がないんですよ。

なぜ、そう思うか？　そのためにはどうしたらいいか？

それは、本文を眺めていただければ、必ずやお分かりいただけるはずであります。

木部克彦

目次

Ⅱ　逆襲指令を発動せよ――「ラグビー＝スポーツ・オブ・スポーツ」の理由

Ⅰ ラグビーの悲劇

テレビ番組で「メジャーの時代」があったという悲劇

テレビ番組の歴史の中で、「スポーツもの」のドラマやアニメ華やかなりし頃がありました。いや、今でもあるんですが「華やかなりし頃」というと、やはり僕が子どもから少年時代を過ごした昭和30年代から40年代でしょう。

もちろん、主役は野球。でもバレーボール（東京オリンピックで金メダルをとった東洋の魔女がいたから当然）などと並んで、ラグビーがメジャースポーツだったのです。

▼日曜夜のラグビー青春ドラマ

あの石原慎太郎の初期の作品に『青春とはなんだ』があります。これはアメリカ放浪帰りの青年が田舎の高校で英語の教師になり、そこのラグビー部を通じて多くの生徒を鍛え上げるという痛快青春小説。それを原作にして、１９６５年に夏木陽介主演で日本テレビがテレビドラマ化（なんと、主題歌は若き日の布施明ですよ)。ここから有名な「日曜夜8時　青春ドラマ」シリーズが始まりました。『青春とはなんだ』(1965～1966年)がラグビー、続いて竜雷太主演の『これが青春だ』(1966～1967年)がサッカー、同じく竜雷太の『でっかい青春』(1967～1968年)がラグビーと、当時の花形・野球ではなく高校のラグビー部やサッカー部を舞台にしたドラマが始まり、高視聴率を獲得していったのでした。

さてさて、平均視聴率25%台もの人気を集めたラグビーものの元祖たる『青春とはなんだ』ですが、多くの子どもは、見るのに苦心したようです。というのは日曜夜8時といえば、泣く子も黙るNHK『大河ドラマ』の放送時間帯だからです。

今のように「テレビがひとり1台」だの、ケータイ電話の画面でテレビを見るだのという恵まれた環境ではなく、一家に1台の時代。チャンネルの決定権はおおむね親にありましたから、子どもが見たい番組を自由に見ることは難しかったんです。

お父さんの威厳が保たれていた世の中でもありましたから、「大河ドラマは歴史の勉強になる(本当にそうであるかは、さておき)」とチャンネルをNHKに合わせる家が多かったのでした。

そのための日本テレビの配慮でしょうか、『青春とはなんだ』は平日夕方に再放送されていましたから、「学校から帰ってきて、それを見た」と懐かしむ「昔の少年」はけっこう多いんです。50代以上の人の中には思い当たる人が多いでしょう。

ついでに言うと、あの頃子どもに人気のあった関東地方の民放番組は、日曜午後7時からTBSで『ウルトラQ』『ウルトラマン』など円谷プロの空想科学特撮シリーズ。チャンネルはそのまま7時半から『オバケのQ太郎』『怪物くん』『サインはV』『アテンションプリーズ』などの「不二家の時間」。そして8時からチャンネルを日本テレビにして「青春シリーズ」でした。

子どもたちにとっては「ゴールデン中のゴールデンタイム」なんですが、これが実は「魔の時間帯」であったのです。

というのは、大人にしてみれば「7時の全国ニュース」から始まり9時前に大河ドラマが終わるまで、「NHK」を死守するわけです。

よって、子どもたちは「ウルトラマンが見たいのに……」「オバQをやってる時間だ……」と歯ぎしりしながら、退屈な全国ニュースやいかめしい大河ドラマを眺める羽目に陥るのです。「父親を拝み倒して、『オバQ』だけは見せてもらいました。でも7時のニュースと重なる『ウルトラマン』は見られなかったから、翌日学校で友達と話が合わなかった」

魔の時間帯について、そう振り返る「昔の少年」も多いんです。

▼起源の記憶

僕は、この『青春とはなんだ』を毎週日曜に見ていました。

「大河ドラマは歴史の知識が手に入るが、制作サイドの意図と歴史解釈によっては誤った歴史観・

人物観が定着してしまう」

などと、僕の親が判断していたかどうかは分かりませんが、とにかく、我が家では大河ドラマを見る習慣はなかったのです。

まあ、大河ドラマを敵に回して『青春とはなんだ』が25％の高視聴率だったということは、僕のような家庭がたくさんあったのでしょう。

ですからテレビドラマで、小学生の僕はラグビーというスポーツを初めて知りました。『でっかい青春』の頃は僕も4年生から5年生。学校で休み時間になると何人かでドッジボールのあのまん丸ボールをかかえて校庭に飛び出し、スライディングするようなトライの真似をして遊んでいました。

「ゆうべ、テレビでやってたラグビーのトライって、こんなふうに滑りこんだよな」

「タックルって言ったっけ？　相手をつかまえて倒したじゃないか。カッコいいなあ」

思えば、僕のラグビー体験の「最初の一歩」は、あの日ズボンを泥だらけにしたまん丸ボールのトライだったんです。

ラグビーの起源についての話は有名です。

1823年のイギリス。イングランドの有名パブリックスクールであるラグビー校でフットボール（現在のサッカーになる前のもの）の試合中だったエリス少年が、興奮のあまりボールをかかえてゴールめがけて突っ走ったっていうエピソードです。

これが実際にあった話かどうかは定かではないようですが、まあまあ楽しい話じゃないですか。いかにもありそうな内容だし。とすれば、奇しくもそのエリスと同じ丸いボールをかかえた光景が、僕の少年時代にもあったって考えると、それなりに楽しいものです。校庭でのトライの瞬間、ドッジボールの試合では手にできない興奮が体中を駆け抜けたことを、今でもはっきり覚えていますから。

それから40年余り。いまだにその「炎」が僕の体の隅にくすぶり続けているわけです。まん丸ボールのトライの記憶がよみがえるたびに、ラグビーの力を思い知らされるのです。

ついでに言うと、『青春とはなんだ』の原作小説を読んだのは、中学生になってからのことです。「けっこう原作に忠実にドラマを展開させてたなあ」

そんなふうに感心したことを、よく覚えています。

その後、あの中村雅俊が高校ラグビー部の監督になった『われら青春』（1974年）は、僕の高校ラグビー部時代とまったく重なります。さらには、京都・伏見工高の全国制覇をモデルにした山下真司主演の『スクール☆ウォーズ』（1984～85年）まで、ラグビーはテレビドラマの素材としても花形であり続けたのでした。この頃は、僕はすでに少年でなくなっていましたが、美貌の歌手・麻倉未稀が叫ぶように歌うテーマ曲『ヒーロー』（ガラガラハスキーボイスのボニー・タイラーのヒット曲のカバーだったと思います）のイントロが流れると、今でも「ラグビーを見たいなあ」という気分になるように条件反射してしまうのです。

▼荒唐無稽さと無縁

高校ラグビー部を描いた青春ドラマに共通するのは、「真面目さ」なんです。『青春とはなんだ』でも不良の問題児が入部し鍛えられて主力になっていきました。『スクール☆ウォーズ』はチーム全員が不良高校生でした。そして全編に流れるテーマは「真面目」「正義」「真正面」なのでした。

もちろん、他のスポーツがテーマの番組も「真面目」なんですよ。

でも、今振り返ってみると、やはりラグビーは特別な存在なんです。

僕はこう思います。番組を制作する人たちも、ことラグビーにだけは「ひとつのコンテンツ」など考えるだけでなく、ある種の「敬意」を払っていたのではないかと。

どうしてそう思うか？　それは他のスポーツドラマやアニメが、現実ではありえない「魔球」や「必殺技」を軸に展開していったのに、ラグビーにはそんな荒唐無稽な夢物語がなかったからですよ。

「魔球」が似合わない真面目さゆえの悲劇

不朽の名作『巨人の星』の星飛雄馬が投げる「バットの動きを予測して、そのバットにボールを当てて凡打に打ち取る魔球」「消える魔球」「バットをよける魔球」、いわゆる大リーグボール1号・2号・3号に子どもたちは熱狂しました。何年か後の『侍ジャイアンツ』の番場蛮が編み出した「投手自身がマウンドで高速回転して、ボールをはなすタイミングが分からない大回転魔球」「ボールが何個にも見える分身魔球」もそうですが、荒唐無稽な魔球について「深い心理分析」「高度な予測」「保護色の応用」など一応の理論武装をして、子どもたちを「なるほど、こうすれば魔球は実際に投げられるかもね」と納得?させたのでした。

バレーボールも負けてはいませんでした。『サインはV』では誰もレシーブできない恐るべきサーブ「稲妻落とし」がありました。

サッカーも、名作『赤き血のイレブン』では、キャッチしようとジャンプするゴールキーパーの体の下をくぐりぬける「サブマリンシュート」です。「あれは、僕にもできそうだ」と僕自身小学生の頃、密かに練習した記憶があります。

プロレスアニメの決定版『タイガーマスク』でも、常識を覆す必殺技が次々に。「ウルトラタイガードロップ」は相手を肩車のように自分の両肩に乗せて、コーナーの最上段からマットに後頭部をたたきつける荒技。実は、こういうスタイルの技を今日のプロレスでけっこう目にするようにもなりました。30～40年の先取りだったわけです。タイガーがマットにあおむけになって、両足で相手の背中を蹴り上げ、その相手は頭上10メートルも舞い上がり（このあたりの『現実離れ感』が成立するのがうらやましい）、それを数回くり返した末に立ち上がったタイガーが両肩で落ちてくる相手の背中を受け止める、やはり荒唐無稽な「超改良型バックブリーカー」たる「ウルトラタイガーブリーカー」もありました。

桜木健一主演で、キザな高校生役の近藤正臣がピアノの鍵盤の上に立って、足の指で曲を弾いたシーンがあまりにも有名な『柔道一直線』でも、桜木演じる一条直也の必殺「地獄車」がありました。

スポーツ根性ドラマやアニメには、こうした「魔球」「必殺技」が欠かせない素材でしたが、ラグビーを扱ったドラマは、そういった世界とは無縁のものでした。

たとえば、楕円球のバウンドを自在に操れるキックとか、スタンドオフからふたりのセンターを飛ばして、瞬時にウイングに届く「超高速パス」といったものはできそうですが、そういうSFチックなものは「ラグビーへの冒瀆になる」という意識が働いたのかもしれませんね。

ありえない魔球で、見る者を興奮させるようなおちゃらけさは「紳士のスポーツ」には似合わないということを、「面白ければよし……」のテレビの世界でさえ認識されていた（と僕は思う）ことが、けっこうすごいと思うんですよ。

つまり「あまりの真面目さ」→「魔球などと言ってはいられない状況」→「一般ファンの盛り上がりに欠ける結果」→「ラグビーもののドラマが消滅」→「ラグビーを始めようという子どもの数の減少」→「世の中全体のラグビーへの関心の低下」という流れになったとすれば、これは大きな悲劇と言わなくてはなりません。

競技としての進化が「つまらない」を呼ぶ悲劇

言うまでもなく、ラグビーの花のひとつは「捨て身のタックル」です。トップスピードで突っ走ってくるプレーヤーを倒そうと、真っ向から飛び込んでいく勇気と迫力。ラグビーが「走る格闘技」と言われる理由は、このタックルを抜きには語れません。

このタックルを基本にした防御。これにすぐれていなければ、試合には勝てません。「相手に点を取られなければ負けない」、いかなるスポーツでも当然の話。「鉄壁の防御」とか「組織ディフェンス」といった表現になります。密集の周辺もそうだし、バックスラインのディフェンスもそうですが、時代とともに防御力が進化してきて、グラウンドの中では、プレーの瞬間ごとに「万里の長城」が築かれてしまいます。

なにせラグビーは「100メートル以内×70メートル以内」のスペースに敵味方合わせて実に30人。しかも、グラウンド全体にプレーヤーが均等に位置しているわけじゃなし。ボールを中心に

「グラウンドの面積の3割ほどの限定されたスペース」に30人がひしめき合う感じでしょう。満員電車の混雑とは言いませんが、口笛吹いて駆け抜けられるほどの「隙間」など、まったくないんですね。だから「万里の長城」なんですよ。

ラグビーはもともと防御に適しているのではないでしょうか。狭い隙間を縫うように進むことが義務づけられているのですから。攻めるより守る方がやりやすい。

もちろん、敵味方が「ひとり対ひとり」の局面になれば突破の可能性はフィフティ・フィフティです。どちらかと言えば攻撃側が有利でしょう。でも、通常の場合は大人数がひしめいているんですから、実力互角ならば、防御の壁を突き崩すことは並大抵の努力じゃできません。

ですからラグビーというものが、戦術的に進化すればするほど防御が強固になって得点が入りにくくなるんです。トライにいたるまで攻めきれないという状況ですね。

それでも、ラグビー経験者にはたまらない味わいがあります。

「あのタックルの入り方の鋭さといったら……」

「あいつ、タックルで倒されたけど、その瞬間体をひねってボールを自分の体よりも後ろへ持っていった。だから、ラックでもボールを支配できたし……」

「ああ、敵側がターンオーバーしたぞ。あの密集の中で、よくフォワードが頑張ったなあ……」

ところが、普通のファンには退屈な展開以外のなにものでもなし。

その挙げ句、「ゴール前からのスクラムからモールを押し込んであげた1トライ1ゴールの7点」対「ペナルティーゴールの3点」の「7対3」で試合終了などとなったら、普通のファンは消化不良のままスタンドを後にしなければなりません。

人気低迷とはいえ、まだまだメジャースポーツのプロ野球に例えると、僕らのイライラ感が分かりやすいかもしれません。

一回表裏に両チームともヒット1本を打ちます。あとは、内野ゴロ・三振・外野への凡フライといった展開で7回か8回にどちらかのチームが「フォアボール→二塁盗塁→送りバントで三塁へ→外野への犠牲フライで生還」の1点をあげて、そのまま「1対0」で試合終了みたいなものでしょう。

両チームの投手ともよく投げて相手を抑えたものの、見ている方は、そりゃあもう退屈ですよ。ラグビーと同じで、野球経験者にしてみれば数え切れないほどの妙味があるのでしょう、こういう試合だって。でも、普通のファンにすればねえ……。

これが終盤まで「完全試合」とか「ノーヒットノーラン」が続いているケースなら、これは素人にも面白い。手に汗握る展開です。

でも、ここで仮定したように1回表裏で両チームともヒットを打っていたとしたら、その盛り上がりもなし。

現実に、こんな試合もたまにはありますが、大多数はヒットやホームランの打ち合い、つまり「点の取り合い」です。だから、理屈抜きに楽しいんです。

ラグビーがこの逆で、防御が進化して、それを突破するのは容易ではなくなっている状態です。

つまり、「一生懸命に勉強してもなかなか成績が上がらない」学生とか、「休日も返上で営業努力しているのに、成果が出ない」サラリーマンといった、ずば抜けた突破力に乏しい僕ら一般人がかかえる「人生のイライラ感」を象徴するような展開がラグビーなんですよ。「突破できないことの手詰まり感」とでも言いますか。これ、人間が普通にかかえている悩みですよね。

だからこそ、相手のディフェンスを一気に突破して突っ走るとか、相手のパスをインターセプトして数十メートル独走するとか、とにかく爽快なシーンを見たいわけです。

そんなシーンが少ないとすれば、「仕事がうまくいかないイライラは日常生活だけで十分だ。休みの日に、ラグビーの試合で同じような気分を味わうなんざあ、ご免こうむる」となるわけです。

競技としての「進化」が「つまらなさ」につながっているとしたら、これを「悲劇」と言わずになんと表現したらいいのでしょうか。

「見て面白くない」「分からない」と言われる悲劇

ある日のラグビーのテレビ中継。

ボールを持ったプレーヤーが走る。敵がタックルで倒す。ボールを前にこぼす。

「素晴らしいタックルだ」

見ている者は興奮しかけます。そしたらレフェリーの笛で中断。防御側のボールになるのかと思ったら、ボールを落とした側にペナルティーキックが与えられました。

「なんでえ？　あの人、いまボールを落としたじゃないか。あれ、ノックオンっていうやつで、相手側のスクラムになるんだろう？」

すかさずアナウンサーの声が。

「タックルに行ったプレーヤーが前に出過ぎてたんですね。オフサイドです」

見ている人は首をかしげます。

「なんだ、そうか。それで、そのオフサイドってなんだあ」

別のシーン。ボールを持って走るプレーヤーを、相手がつかまえます。苦しまぎれに投げたパスが真横よりちょっと前に飛んだ気がします。すかさずレフェリーが笛を吹きました。

「あれはスローフォワードだ。知ってる。相手ボールのスクラムだ」

ところがレフェリーは攻撃側から見て3～4メートル進んだ地点で、攻撃側のスクラムを指示したから、「スローフォワードだ」って言った彼はおさまりません。

「どうしたんだ。ミスジャッジだろうよ」

ミスジャッジにあらず。そのプレーの前に、相手側にすでにノックオンがあって、そのボールを奪った側が反撃していたという展開だったんです。だから「アドバンテージルール」（攻撃側にノックオン・スローフォワード・オフサイドなどがあっても、ボールを奪った相手側に優位に展開していきそうならプレーを続けるというラグビー独特のルール）で、プレーを見守っていたレフェリーが、最初のノックオンの位置に戻ってスクラムを指示したということ。

「なんだあ？　アドバンテージなんとかって」

さらにモール（密集の中でプレーヤーがボールを持って立っている状態）やラック（密集の中でボールが地面にある状態。この場合手でボールを扱ってはダメ）などの密集になると、なお分からない。だってボールがまったく見えないんですから。しばらく押し合いが続いて、どちらかにボールが出てきてバックス攻撃が始まればいいけど、膠着状態になってレフェリーの笛。どちらかのボールのスクラムになったり、ペナルティーキックになったり。

「密集内でボールをかかえ込んで、はなさなかったんでしょうか」

とアナウンサー。

「はなさなかったというより、はなせないんですよねえ」

と解説者。

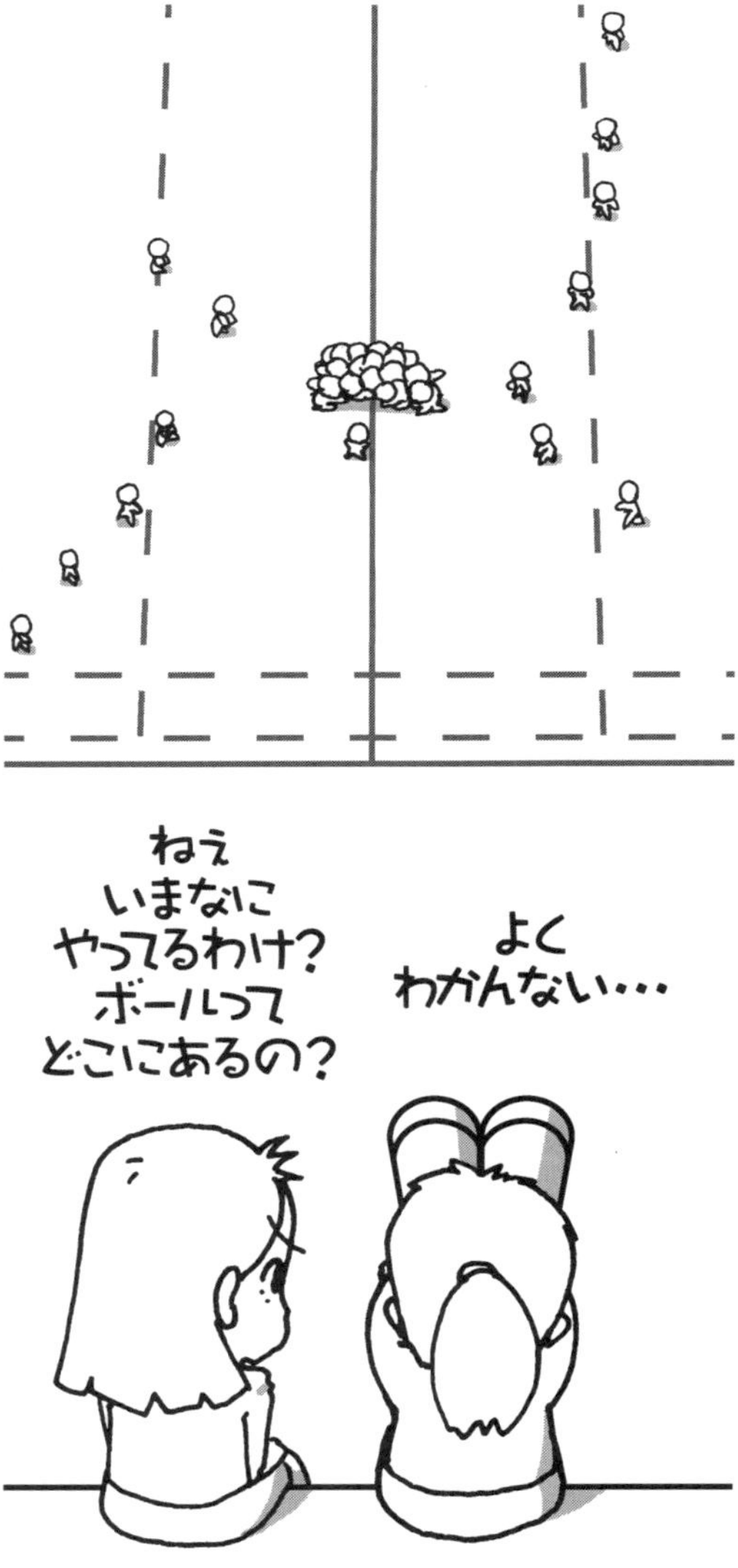

どっちにしても、見ている者は「本当かあ？　レフェリーだって見えてないだろうが、あの密集じゃあ」って、素人は釈然としません。

野球ならストライク・ボールの判定でも、塁上でのクロスプレーでも、ボールが見えるから、「あれはきわどい。どっちともとれるな。審判も大変だよ」となりますが、なにせラグビーはボールが見えないんですから、どうにもすっきりしない。そう感じるファンが多いってこと。

「その見えない密集の中で、いろんな戦い・駆け引きが展開されてるんだ。それがフォワードの仕事の大切なところだ」

これは、ラグビー経験者だけの考え方。

ファンの中に、そんなに物分かりのいい人はいませんって。

▼「イロハのイ」が必要なのか？

テレビのラグビー中継を見ていて、悲しくなる瞬間があります。

ものすごく「親切な」解説を入れるようになったことです。

試合が始まって最初のノックオンかスローフォワードがあってスクラムになります。

すると、アナウンサーの説明、さらにご丁寧にも画面に字幕まで登場します。

「ラグビーではボールを前に投げたり、前に落としたりしてはいけません。前に投げることをスローフォワード、前に落とすことをノックオンと言います。この場合、スクラムとなって試合再開になります」

うわー、すごい解説です。

プロ野球中継で、アナウンサーがこう語ることはないでしょう。

「投手がホームベース上に想定されたストライクゾーン内に投げた3球を打者が打てなければ『三振』といって打者はアウトです。逆にゾーン外に4球投げると、『フォアボール』といって、打者は1塁に行けます」

「1塁というのは、ホームベースから外野に向かって立った場合、右側に位置するベースです。打者はボールを打ったら右側の1塁に向かって走るよう決められています」

これと同じ趣旨のことを、ラグビーでは中継ごとに言うのです、字幕が出るのです。

明治時代に日本に伝わったラグビー、テレビのスポーツものの主役にもなっていたラグビー、新日鉄釜石や神戸製鋼の日本選手権7連覇や大学ラグビー人気の盛り上がりで、「メジャースポーツ」として定着したかも」と思われたラグビーでしたが、21世紀の日本ではとても「メジャースポーツ」とは言いにくいようです。プレーの「イロハのイ」をアナウンサーと字幕で解説せざるをえないのが実情なんですから。

この「冒頭解説」を聞くたびに、僕は頭をかかえながらつぶやくのです。

「ああ、ラグビーの悲劇じゃあ……」

▼「見る専門」のファンが必要

ラグビーには「孤高の精神」とか「気高さ」といった言葉がよく似合います。それはラグビーの魅力の源泉ですから保ち続けるべきでしょう。

ただ、その一方で「見る専門」というラグビーファンを増やさなくては、結局広い意味での「ラグビー人口」は拡大しないんじゃないでしょうか。

「ラグビー見に行かないかって？　だってルールが複雑で分からんし、密集で押し合いばっかりだし……。サッカーならつきあうよ」

「そうか。じゃあ、一緒にきてくれなくていいよ。分かる者だけが試合を見ればいいんだ」

こんなイメージが色濃いラグビーですが、本当にそうだとしたら、これは困りもの。

「全国〇〇〇〇万人のプロ野球ファンのみなさん、こんばんは」

この「プロ野球ファン」は、サッカーファンでもプロレスファンでも、総合格闘技ファンでも、大相撲ファンでもなんでもいいです。

この「ファン」を含めた集合体が、そのスポーツの「総人口」なんですよね。

プロ野球の観衆の中に、野球を実際にプレーしたことがある人が何％いるでしょうか。サッカーのJリーグの観衆の中に、サッカーの試合に出たことのある人が何％いるでしょうか。

プロレスや総合格闘技、大相撲なんてもっとそうです。戦いを見つめる観衆の中に、プロレスの、総合格闘技の、相撲の経験のある人なんて、1%もいないでしょう。

そうです。「する」んじゃなくて「見る」人がいなければ、プロスポーツは成立しないのです。野球のイチローがいかに素晴らしい素質があっても、かつての王や長島がいかにホームランを打っても、彼らは何も生産しません。大相撲の貴乃花・朝青龍・白鵬がどれほど強くても、かつての大鵬や千代の富士が30回以上も幕内優勝しても、「何かを生産する」という論点からは同様です。米や野菜を生産している人、海で魚をとっている人、洋服を、家具を、自動車を生産している人とは基本的に違います。

ただ、生産するものがあります。それは「夢」や「感動」です。「小さなボールを木の棒でたたいて、遠くへ飛んだ、飛ばなかった」が、どこかのお父さんと息子ならば、ほほえましい光景とはいえ「そこまで」の話です。

ところが、野球を興業(エンターテインメント)として「深い関心を持って見る人」にとっては、イチローによるその行為は、「単なる動作」ではなく「感動・興奮という商品」に質的変化を遂げるのです。ですから、入場料を払って見にきてくれるし、関連グッズも買ってくれるんです。これによって、球団に収入が入りますから、プレーヤーに数億円もの報酬が支払われることになるのですね。

だから、野球界も、大相撲界も、エンターテインメントとして、どれほど多くの人の関心を集められるかが生命線だという認識で、あれこれ営業策を考えるわけです。

その前提にあるのは、そのスポーツをしたことのない人でも「見ていて分かる」「楽しい」という絶対条件です。

野球、サッカー、大相撲、プロレス、バレーボール、テニス……。実際にプレーした経験のない人でも、見ていて分かりやすいじゃないですか。

日常の暮らしや仕事でかかえるストレスを、面倒な理屈抜きに発散できるのがスポーツの醍醐味。テレビの経済番組や政治番組、新聞の経済面や政治面の記事。難しい言葉を、大学教授や政治家、評論家、記者たちが難しそうに論じて、僕らにはチンプンカンプンのときが多いですよね。

だから、単純明快なスポーツ中継や記事に熱中するんです。同じ娯楽でも、バラエティー番組やドラマのように「脚本」があるものではなく、事実そのものが目の前で展開されるスポーツを見ることで、感動とか胸の高鳴りを手にしようとするわけです。

感動を得るのに、そのスポーツの専門知識は不要じゃないですか。もちろん、豊富な知識があればそれにこしたことはないのですが、知識・情報がなくたって、目の前の戦いを見ていれば心躍ります。それがスポーツでしょう。

ところが、ですよ。

ラグビーだけは、ある程度のルール知識がないと、どうも気分が乗ってこないらしいのです。多くの人がそう言うんです。

そこから「ラグビーは見ていて面白くない。分からないんだ」と文句が出てきます。

この思い込みが、ラグビーにとっての大きな「悲劇」なんです。

「天と地」「善と悪」がひっくり返るルール改正がまかり通る悲劇

防御の優位を突き崩すような「攻撃側優位」の展開を作らないと面白くなくなるということは、関係者も分かっているのでしょう。ラグビーでしょっちゅうルール改正があるのは、その証拠ですか？

ペナルティーキックから直接タッチに蹴り出した場合、長年のルールから一転して「蹴り出した側のボールのラインアウト」にルール変更されたのは、その象徴でしょう。

あのルール変更を、手元にあった全国紙の運動面で見たとき、僕は二重のショックを受けたのでした。

まず、ラグビーの理念たる「やむなしであっても、プレーを意図的に中断させた側が、なんらかのペナルティーを受ける」という「気高さ」「潔さ」が否定されたことです。その意味で天と地がひっくり返る変更でしたから。そんなんでいいのかなあ？

もちろん、重い罰則を課して、危険なプレーを少なくしたいという意図は分かったうえでの話ですよ。

攻め込まれた位置でペナルティーキックを得る。長いタッチキックを蹴って、陣地を大きく挽回する。そこでプレーが一時止まります。しかし、「やむなし」とはいえ、ボールを持つ権利を放棄してタッチラインに蹴り出したときは、「相手ボールのラインアウト」となり、ボールの支配権は相手に移ってしまいます。昔からこのルールでした。

だからこそ、ペナルティーキックからタッチに蹴り出す前には、多少の迷いが生じます。「タッチキックか」「タップキックしてオープンに回す・フォワードで突っ込んでモールを作る・ハイパントをあげてフォワードが突っ込むか」。その末に、取るべき戦法を決定します。これが「人生の苦悩と決断」に通じるわけです。そこに「ラグビーの気高さ」があったんですよ。

ですから、僕はその記事を読んだとき、衝撃を受けました。

「戦い方がガラリ変わってしまうなあ。だって、なんでもかんでもタッチに蹴り出せば、簡単に前進してマイボールラインアウトになるんだから。安易な展開になるぞ」

僕は試合を見て楽しむ側としてのデメリットが思い浮かんだのでした。

さて、二重のショックの、2点目。

その運動面の記事が、業界で言う「3段1本」という地味で目立たない見出しだったことです。「まあまあ、驚くには値しない」レベルだと、書いた記者も、紙面レイアウトにあたる記者も判断したということです。

運動部の記者にしても、ラグビー専門というわけにはいかないでしょうし、紙面編集にあたる記者も同じこと。

「ああそう。ペナルティーキックから蹴り出したら、今までは相手ボールのラインアウトで再開だったのが、味方ボールになるのか。ふーん。大きな話でもないだろうね。まあ、適当に扱っておいたらいいんじゃないの」

そんなことでしょう。

実際は「ふーん」じゃすまないんです。戦い方が大転換してしまうんですから。全国紙の運動面担当記者にしてそれに気がつかないほど、ラグビーってのはマイナーなんだなあ、そんなショックです。


事実、その後はラグビーの戦い方が大きく変わってしまいました。

深く攻め込まれた地点でのペナルティーキックでタッチキックを蹴り出すのは仕方がないとはいえ、今では、中央付近からもっと前に攻め込んでいても、ペナルティーキックをもらったら、なんでもいいからタッチキック。ゴール目の前まで攻め込んでいても、ほとんど真横にタッチキック。そこからマイボールラインアウトです。

しかも、かつては悪質な「違反」だったリフティング（ラインアウトでボールをキャッチするプレーヤーを、両脇のプレーヤーがかかえるようにして、より高い位置まで持ち上げるプレー）が、「合法」かつ「ご推奨」のプレーという、これも天地がひっくり返るルール変更が実施されていますから、かなり高い確率で攻撃側がボールを取れます。そのままモールを組んでインゴールになだれ込もうという戦法。ある意味確実な戦法ですから、みんな「右へならえ」とばかりこの攻め方ばかり。

これも素人ファンには「ああ、つまらん」ですし、テレビ録画ファンだと、ペナルティーキックを得た段階で「早送り」ボタンを押して、蹴り出した後のラインアウトまで飛ばしてしまいます。オープン攻撃で「飛ばしパス」は、なんともカッコいいですが、録画で見ているファンに「飛ばし」をさせるようじゃいけませんよ、やっぱり。

攻撃優位にしてなんとかトライをとりやすくしたい。そんな考えなのでしょうか。ラグビー史に残るかもしれないルール変更たる「ペナルティーキックからのタッチキック後は、蹴り出した側のボールでラインアウト」という試み、ファンの目からすれば失敗だったと思います。

今からでも遅くはありません。このルールは元に戻すべきです。

「ゴール前に攻め込んで、相手のオフサイドで得たペナルティーキックを、そのまま真横に蹴り出す」安易さ。あるいは「中央付近で得たペナルティーキックから、多彩な攻撃が展開されれば、見ている僕らの胸は躍るのに、安易に確実に前進できてボールの支配権もそのままだからタッチキックで蹴り出すことばかり」などという、「気高さ」などみじんも感じられないプレーを根絶させない限り、「人生の縮図」たるラグビーの良さなど、多くの人は理解してくれないからです。

なぜなら、ペナルティーキックからのタッチキックについてまわっていた「メリット」（地域が大きく前進）と「デメリット」（相手側のボールになってしまう）の共存と、それからくる「苦悩」「決断」という人生の縮図を、すべて攻撃側のメリットにして、悩むことも決断も迫られない単純な形にしてしまったのですから。

さらには、リフティングのように、去年までの「してはいけないこと」つまり「悪」が、今年から「どんどんしなさい」という「善」になる。こんなひっくり返り方なんぞ、革命でも起きて社会体制が変わらない限り、世間じゃ通用しませんぜ。リフティングより、ボールのキャッチ役に竹馬でも使わせたほうがいいんじゃないのか、なんて言いたくもなります。

昨日までの「悪」を、明日から「善」とせよなんて、人としての成長過程にある子どもたちに、どう説明したらいいのでしょう。

こういう、「人としての倫理上きわめて疑問の残るルール改正」をせざるを得ないのは、やはりラグビーの悲劇と言わねばなりません。

「見えないライン」がある悲劇

ラグビーは、きわめて高度な頭脳的スポーツなんです。なぜなら、プレー中に「見えない白線」が浮かんでは消えるんですから。ええ？　そんなマジックみたいなことって……。

現実にグラウンドにはいくつかの白線があります。中央にハーフウェイライン。その左右には10メートルライン。両サイドのゴールラインと、その22メートル前方には22メートルライン。インゴールの最後尾を示すデッドボールラインもあります。ゴールラインとデッドボールラインの間がインゴールで、ここにボールを着ければトライというわけです。そして両脇にはタッチラインと、その内側の5メートルライン、さらに内側の15メートルラインです。

さて、これらのラインは「見えるライン」ですね。

ラグビーをプレーしたことのない多くのファンにとって厄介なのは、これ以外に「見えないライン」があることでしょう。

テレビ中継で、ゲインラインという言葉をよく耳にします。パス攻撃が続いて、アナウンサーが「ゲインライン突破」と叫ぶ、アレです。

これはスクラム・モール・ラック・ラインアウトなどのとき、「元々ボールがあった位置」とゴールラインの平行するラインを「想定」したものです。ラグビーはボールを前に投げてはいけないので、後ろへ後ろへとパスしながら、そのプレーヤーが前進を図ります。そこでゲインラインを越えれば、初めて前進したことになります。「有効な攻撃」となったわけです。

ゲインラインを突破する作業を積み重ねてゴールラインに向かって前進し、最後はトライするのですから、この有効攻撃の証明である「ゲインライン突破」が、最大の課題になるわけです。

これと似た「見えない白線」に、オフサイドラインがあります。

ボールの前にいる者はプレーできません。ですからボールが動いていても止まっていても、常にボールの位置とゴールラインの平行線を想定する必要があります。それがオフサイドラインです。

スクラム・モール・ラックなどの密集なら、その最後尾とゴールラインの平行線ということですね。ああ、そうだ。スクラムのオフサイドラインは最後尾から5メートル下がった位置になりました（2009年のルール改正です。基本ルールがしょっちゅう変わるなあ）。

攻撃側で、このオフサイドラインより前にいる者（ボールの前にいる者ですね）は、一度、オフサイドラインの後ろに戻ってから攻撃に参加しなくてはいけません。

防御側は、このラインの前にいたままでは、ボールを持って攻めてくる相手にタックルに行って

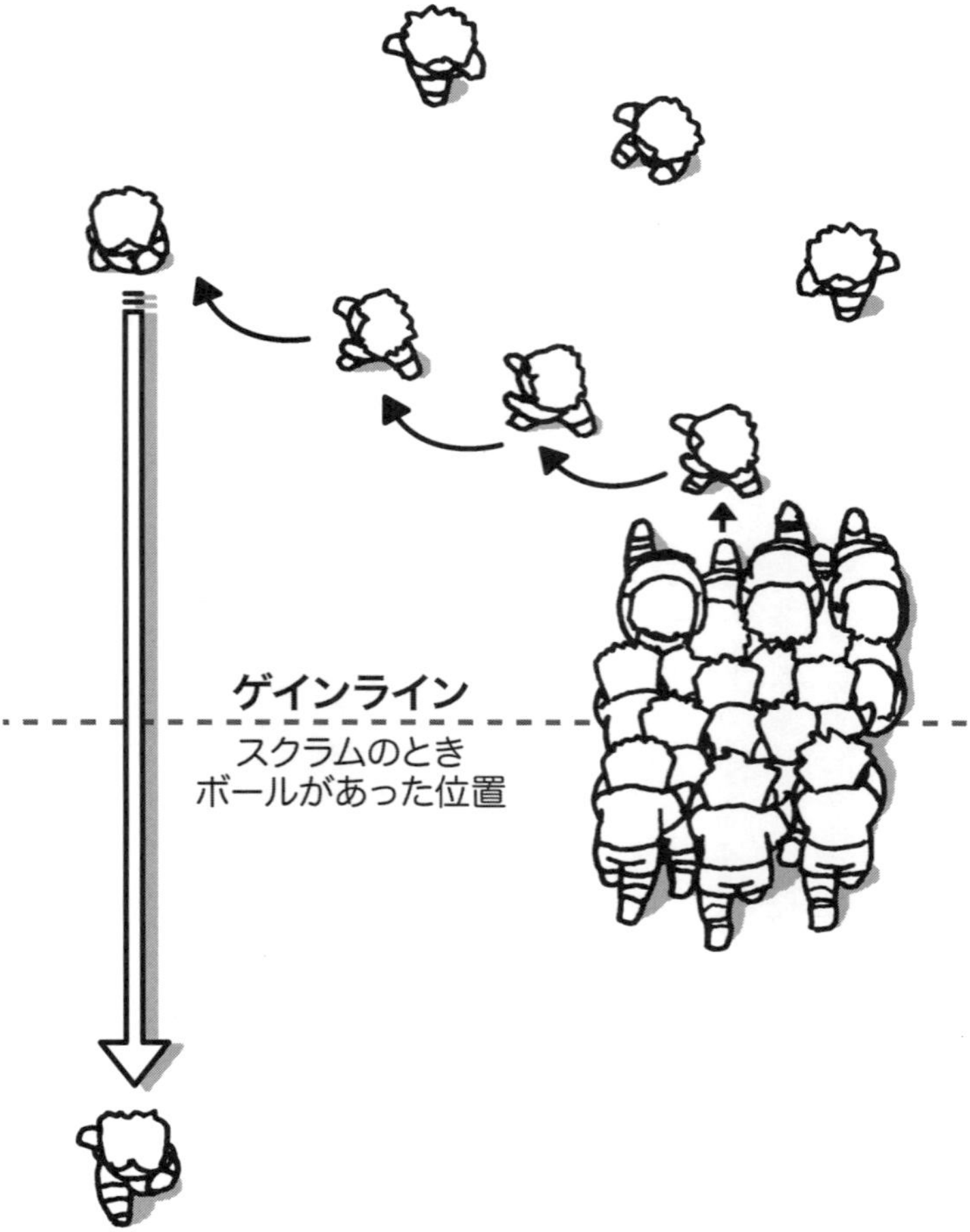
ゲインライン
スクラムのとき
ボールがあった位置

はいけないという基本ルールです。

レフェリーが、防御側のバックスに「下がれ」と手で合図するように指示している光景がよく見られますが、これは「(目には見えない)オフサイドラインを踏み越えるな」という指示です。オフサイドを未然に防いでプレーを継続させようというゲームコントロールですね。

ゲインライン、オフサイドラインは「想定」の世界で、現実に見えはしません。

ですから、テレビ中継を見ていて、鮮やかな攻撃にアナウンサーが「ゲインライン突破」と絶叫しても、なんだか分からない人がたくさんいます。

「なんとかライン？　どこにそんな線があるんだ」

その憤り、ごもっとも。

「ああ、防御側がオフサイドラインを越えてましたね。ペナルティーキックです」

と言われても同様。

「どこにそんなラインがあったんだ？」

首をひねった人がつぶやきます。

「だから、ラグビーは分かりにくいんだ」

こういう「見えない線」があることは、高度で格調高いことの証明なんですが、分かりにくいという意味ではラグビーの悲劇かもしれません。

とはいえ、これも「慣れ」の問題です。

「攻撃側は、『後ろへパスを回しながら』防御をかわして、元々ボールがあった位置よりも前に進むものだ」

「防御側は、ボールより前にいたら相手にタックルに行くな」

想定上の見えないラインについてこの際考えず、この2点を頭に入れておけば実は単純明快なものなんですね。

野球のホームベース上に「想定」された「ストライクゾーン」には、日本人なら誰も違和感ないじゃないですか。あれは相当複雑な「見えない空間」ですが、やっぱり「慣れ」の問題ですよね。

「ゲインライン突破なんてアナウンサーが言ってるけど、ラインが見えないんだ。適当に言ってるだけじゃないの?」

ご質問はごもっとも。そんなときは、やっぱりテレビ中継の録画鑑賞が最適ですね。ちょっと巻き戻してそのプレーをスローで見てみればいいんです。テレビ画面に指で「ここにボールがあるでしょ。だからこれがゲインラインね」と線を引くように指を動かしながら、プレーヤーの動きを見ればいいんですから。

最近は中継中の「リプレー」でも画面に自由に線を引きながら解説する場面も増えました。

「ああ、やっぱり元々のボールの位置を越えて攻め込んでいるよ。なるほどなあ、ゲインライン突破だ」

誰もが納得です。でも、肝心のテレビ中継が少ないから、悲劇は解消されないのです。

「高級すし屋と回転ずし屋」の悲劇

ラグビーは、ちょいと高級なすし屋だと思います。

社会に出て30年以上たった今でも、すし屋ののれんをくぐるには勇気がいります。もちろん、胸ポケットに入っている財布殿が「やめておけ」と必死で忠告してもくれるから、現実にのれんをくぐる機会はそうそうありません。

いやいや、僕だっていっぱしの社会人です。おしゃれで高級そうなフランス料理店だって、割烹だって、年に何回かは行かないでもないんです。「もう一度言う。やめとけ。ひとり1万円以上もするじゃないか」と財布殿にぶつぶつ文句を言われながら。

すし屋だってこれと同じくらいの料金でしょうね。でもフレンチの店とすし屋では、決定的な違いがあるんです。

すし屋のとっつきにくさですよ。

ことわっておきますが、全部のすし屋がそうであるはずはなし。庶民にそういうイメージがあるってことですよ。

慣れないフレンチレストランだって、オーダーの際には、料理の中身について懇切丁寧に説明してくれます。ワインの種類だって同じこと。シェフが厨房から出てきて、料理について説明してくれたり、食べた感想を聞いてくれたりもします。

もちろん、これも全部が全部そうではないでしょうが、イメージってやつですね。

一方のすし屋。カウンターに座って、目の前の魚の切り身が並んだショーケースと、その奥に「なににしましょう」と威勢のいい職人さんを見たら、もういけません。「ええと、タコとイカ。タコが大好きなんですよ」と、とりあえず安そうな物で考える時間を稼ぐしか……。

だいたい、目の前の魚の切り身を見て、全部スラスラ注文できる人って、魚屋さん以外に誰がいるっていうのでしょう。でも、「それがスラスラ言えるのが粋だ」ってイメージ。これもすし屋特有のもの。だから、僕らは、テーブル席とか小上がりで「上握りとお酒ね」なんてチビチビやるしかない。それ以外の言葉をかわすことが怖いのですよ。

だから、僕はこれを考えた人は天才だと思いました。何のことかって？　「回転ずし」ですよ。誰もが専門用語を覚える必要なしに、目の前に流れてくる寿司の皿を手に取ればいいんですから。それにメニューもファミレスっぽく整っていて、しかもリモコンのキーボードで食べたい品物の番号を入力すれば、目の前に流れてくるんです。

アルコール類もあるし、すしを運ぶコンベアの前にはカウンターだけじゃなくて、家族連れやグループ向けにテーブル席も設けられています。

「すし屋で、気がねなく好きな物を食べる」

庶民にとって長年の夢が実現したわけです。

これって、「回転」を除けば、普通のすし屋だってできることじゃないですか。ショーケースの様々な切り身の前に、その名前と値段を明記すればすむこと。

「それじゃあ、店の雰囲気が壊れる。分かるお客がきてくれればいいんだ」

伝統にこだわるのは悪いことではないでしょう。でも、それにとらわれない「すし屋」が登場したことで、状況は激変。

でも回転ずし屋だって、たらふく食べて、たらふく飲めば、かなりの金額になります。「安いから」って2回行けば、けっこう普通のすし屋に近い金額になります。

だから、普通のすし屋とべらぼうに変わるものでもないんです。でも、回転ずし屋は大にぎわいですが、普通のすし屋は……。べつにすし屋の経営の心配をしているわけではないんです。

「分かる人が食べにきてくれればいい」

この考えって、ラグビーに詳しい人の、

「分かる人が見にきてくれればいい」

に似てませんか？

そう言っているうちに、競技人口も、ファン数もどんどん少なくなってきています。高校ラグビーなど、多くの公立高校が1校で15人のチームが組めなくなっています。

「分かる人が……」を「孤高の精神」と賞賛することもできなくはないですが、伝統技術や古典芸能の世界じゃあるまいし、そうやって、「分かる人」の数が減っていった末に……、なんて考えると、やっぱり「孤高」ではよくないと思うのですよ。

べつに、すし屋がラグビーで、回転ずし屋がサッカーだとは決めつけませんが、ラグビーの「分かりにくさ」「とっつきにくさ」は、すし屋の雰囲気に似ている気がしますし、サッカーの「分かりやすさ」「親しみやすさ」には、回転ずし屋の気軽さとにぎわいを感じます。

とくに、ラグビーに詳しければ詳しい人ほど「ラグビーは分かりにくいルールや専門用語があるからいいんだ。そのうえで試合を見にくる人がファンなんだ」など言いますが、それは「ヒラメの縁側ね。それにコハダも。キンメは今日入ってないのか？　残念だねえ。そうだねえ、大トロはしつこすぎるから、中トロを軽く炙って握ってよ……」などとスラスラ注文することが「粋だ」なんて風潮があるから、庶民が気軽に入れないすし屋の世界と共通する気がしてならないんです。

幸い、僕は心強いすし屋の主人と知り合いました。カウンターに座っても僕が自分で「粋に」注文できるわけがないから「おつまみ３５００円までよ。それで生ビールとお銚子2本で５０００円位が僕に使える限度だよ」と最初からお願い。それで、しゃれた創作料理中心だったり、握りが中心だったり。

「言ってくれれば、なんでもしますよ。だって、内容も値段も、お客さんの希望をかなえるのが、私たちプロの腕ですからね」

こういうすし屋さんが、住む街にいてくれてよかった。

ラグビーを楽しく観戦してファンを増やすという観点で言えば、ファンとラグビー関係者の間に、これと同質の会話がないとしたら、悲劇と言わなくてはならないでしょうね。

「……らしからぬ」の悲劇

「……らしからぬ」という言い方があります。

「少年らしからぬ面構え」「病み上がりらしからぬ力強さで」「女性らしからぬ豪快さ」

ラグビーの試合をテレビで見ていると、この「らしからぬ」に出くわします。「意外性」を強調しようとするあまりに、元日本代表級の人が解説中によく使うのですが、どうにも気になる使い方があります。

その代表が、ほめ言葉としての「プロップらしからぬ走力を見せた」「フッカーらしからぬステップワークで」などです。「フォワードらしからぬ走力」などという言い方さえあります。

大柄なプロップだけでなく、小柄なフッカーや、やせて長身のロックが鮮やかな走りを見せても「突進」。フォワード以上に縦横に大柄でも、バックスなら「快走」「疾走」。ここにはポジション別「決めつけ意識」による差別があります。

スクラムの第一列を組むプロップや、第二列のロックは「押し合い」の専門家で、走る能力においてはすぐれていないと、業界の有名人が公言しているようなもので、僕は「あの『らしからぬ』は、ほめられた本人が傷つくだろうなあ」と同情します。

これにスポーツメディアも伝染しているから困ったもの。

この「ポジション別差別意識」って、おそらくラグビーを始めた頃に植えつけられた意識でしょうね。

小学生や中学生、あるいは高校生から始まるのがラグビー少年（少女）の楕円球歴。その最初のポジション決めは、「走る格闘技」と「小柄な日本人」という性格上、「比較的体のデカイ者はスクラムやモール・ラックのフォワード」「体が小さめの者にスクラム組ませるわけにはいかないから、君はバックスだ」と大別されるきらいがあります。おおざっぱに言えばですよ。

そのあたりから「フォワード→大柄・走力に見劣り・器用さに欠ける」「バックス→小柄・走力に富む・器用さを持つ」の意識が固まります。

それに、チーム競技は「組織論」が大好きですから、アメリカンフットボールほどの高度分業ではありませんが、やはり「プロップやロックは体力を生かしてボールを奪い取れ」「密集でひたすら押せ」「突っ込んでくる相手を倒せ」などとなります。

バックスではスクラムハーフやスタンドオフには相手を幻惑する多彩な動きが要求され、センターやウイングといったバックスラインを形成する者はボールを持って走る突破力や、相手をかわす技術が重視されるでしょう。

それが、一般ファンには「フォワードは押す人」「バックスは走る人」のイメージを植えつけるのです。

ところが実態はどうでしょうか。密集を力の限り押してボールをバックスに回したフォワードは、そこでひと休みしていいわけではないのです。息つく暇もなく立ち上がり、バックスをフォローして、次の密集に果敢に飛び込んでいかなくてはならないのです。走力・持久力・敏捷性がなければ、とても務まらないのがフォワードなのです。現実の試合では「そういう要素が外から見えにくい」だけなのです。

ですから、「プロップらしからぬ」走力で相手を突破してゆく姿や、「フッカーらしからぬ」サイドステップで相手をかわしてトライする姿は、彼らがラグビープレーヤーとして普通に備えている資質が発揮された当然の光景なんですね。

素晴らしい走りを見せたプロップを、相手をすり抜けたフッカーのプレーそのものを賞賛すればいいのに「プロップらしからぬ」「フッカーらしからぬ」の余計なひと言は、そのポジションに対して無礼千万ですし、それを元一流選手と言われる人たちから訳知り顔的口調で語られると、興ざめしますよ。

以前、フッカーがゴール前の密集からすり抜けてドロップゴールを決めたことがありました。この際も解説者は「蹴ったのは、なんとフッカーですよ」と笑い声でコメントしていました。ここでも「フッカーらしからぬ」巧みなキック力と判断力だと言いたかったのでしょう。だったら、素直に賞賛すればいいじゃないですか。

22メートルライン近くで密集から抜け出て、周囲には敵が2、3人。自分をフォローする味方がそばにいなかったフッカーとすれば、そのまま前に突っ込んでモールにするのが「定石」でしょうが、彼の一瞬の判断によって「3点ゲット」。ラグビーの試合で、ドロップゴールはそうそう見ません。しかも、基本的にボールを蹴るポジションではないフッカーの彼が蹴ったんです。もしかしたら、人知れずドロップキックの練習をしていたのかもしれません。一生に一度のドロップゴール成功だったかもしれません。彼はこの先一生、酒を飲みながら「その瞬間」を語り、酔いしれるかもしれません。

そういう素晴らしい光景を、関係者が「珍プレー」であるかのように揶揄するコメントをしてはいけませんぜ。

「プロップやフッカーは押すだけの役割だから。なんかつまらないポジションをよくやってるね」なんて、よく知らないファンが誤解したら悲しいでしょうが。

「トライを喜ぶな」という感情抑制の悲劇

かつて、ラグビーは「トライをしても喜ぶな」といった風潮がありました。得点を挙げて喜ぶなとはいかなる意味でしょうか。

たしかに、50代以上のラグビー経験者なら、初めて楕円球にふれた時代に、指導者からそう言われた覚えがあるはずです。

これもラグビー独特の「孤高の精神」の発露だったのでしょう。「淡々と」「黙々と」が美徳とされた世界でした。

「ヒット1本打つたびに一塁コーチと握手して喜び合うような野球とは違うんだ」

「1点入るたびに、コートのプレーヤー全員がハイタッチし合うバレーボールなんかとも違うんだ、我々は」

「トライを決めても一喜一憂しないのがラグビーなんだ。それが紳士の国・イギリス発祥のスポーツなんだ」

僕は高校時代に「ホントかなあ」とは思いましたが、監督に逆らえるはずもなし。その「感情を抑えるのがカッコいい」と思い込まされてきました。

たしかに、トライを決めても、ちょっとうつむき加減に走りながら自陣に戻る。このクールさ・渋さは、ある意味カッコいい気はします。ニヒルな刑事役の俳優みたいな感じで。

トライは15人が必死に走った結果だから、最終的にトライを決めた者が大喜びするのは筋違い。すぐに自陣に戻って相手の反撃に備えるべし。そんな哲学ですな。これは道徳的には分かりやすいのですが、今日的説得力には欠けるでしょう。サッカーのシュートだって、11人が懸命につないで前進した末の結果だし、野球のタイムリーヒットだって、塁に出てくれた前の打者の功績によるものです。でも、本人は大喜びするじゃないですか。こっちのほうが素直ですよ。

でも、19世紀から20世紀、ラグビーの世界ではそんな価値観が説得力を持っていたのでした。そう教え込まれた世代は、大学・社会人の一流プレーヤーになっても、その価値観が体に染みついていましたから、大学選手権や社会人ラグビー、日本選手権でも、たしかにトライの瞬間の「感情の爆発」を、多くの人が抑えていたのでした。

この「感情を抑える」というのが、とりわけ日本人の気質にうまくはまったんでしょうね。つらいこと、悲しいことはもちろん、嬉しくてたまらないときでさえも「感情を爆発させない」ことが日本人の伝統的美徳だとされてきました。

愛する家族の死に際しても泣き崩れない強さ。東日本大震災のような大災害に直面してさえ、自らの感情を抑えようとする日本人。

勝負に勝って飛び上がりたい気分でも、その一方で敗者の気持ちを考えれば、喜び方を抑えるのが礼儀。僕たち日本人は日常生活でも、こう教えられて育ちました。

これに、ラグビーの「感情抑制主義」が、ドンピシャリとはまったのでした。

この「気高さ」は美しいのですが、ラグビーそのものの盛り上がりに水を差す作用が働いたとすれば、ちょっと考えもの。

今でこそ、トライの瞬間、インゴールでボールをかかえたまま倒れこんでいるプレーヤーに仲間が次々と飛び込むように祝福する光景が普通になりました。ボールを大空高く放り投げて喜びを表現することも少なくありません。

でも、ラガーメンの体の奥底に植えつけられた「感情抑制」の因子からでしょう、喜び方がどこかぎこちないんです。

アントニオ猪木やジャンボ鶴田が、こぶしを真っすぐ天に突き出して勝利の雄叫びをあげる。「イチ、ニー、サン　ダー！」と猪木。「オー！」と鶴田。ここで場内のファンのボルテージも一気にヒートアップ。これがサッカーにも通じる「陰陽」の「陽」。

一方「大人で紳士」のジャイアント馬場は、会心の勝利にも軽く腕を上げて、ちょっとはにかむように笑みをみせるだけ。ファンも、どこで自分の感情を爆発させたらいいかちょっと戸惑ってしまいます。これはラグビーの世界で、「陰陽」の「陰」。この精神は、「わび・さび」にも通じますから、日本人に受け入れられたのでしょうが、それだけじゃなんとも物足りない……。

現代のラグビーでトライを決めたプレーヤーの中にも、サッカーの「カズダンス」のように踊って喜びたいと思う人もいるでしょう。両手をあげてジャンプしながらスタンドのファンにアピールしたい人もいるでしょう。ホームランを打ってバク転しながらホームインした秋山みたいに、派手なパフォーマンスをしたい人もいるはずです。

でも、伝統的な「感情抑制主義」が働いているのでしょう、そこまでの光景にはお目にかかりません。

素直な感情の爆発がスタンドに伝われば、見る側の気分も一気に高揚するんじゃないでしょうか。スタンディングオベーションとかウエーブが起こるかもしれません。これは見ていて楽しいし、興奮度合いは高まります。

だからラグビー伝統の「大人の感情抑制」は、見る側の盛り上がりという意味ではマイナス作用が働いていると見たほうがよさそうです。

だとしたら、「大人の対応」を目指したがゆえの「悲劇」という、ここでも皮肉な結果となるのです。

三洋電機、これを悲劇と言わずして何を……

僕が住む群馬県では、ラグビーを語るとき「三洋の悲劇」というフレーズがあります。全国のラグビーファンにもおなじみのフレーズです。

社会人ラグビー時代の「東京三洋電機」（のちの「三洋電機」）、さらには２０１０〜２０１１年シーズンまでの「三洋電機ワイルドナイツ」は、群馬にあるチームなのです。三洋電機の工場があり、チームの拠点でもある群馬県大泉町は「ラグビーの街」なんです。

社会人ラグビーの時代から強豪でありながら、不思議と優勝に縁のなかったこのチーム。プレーヤーに「押しが弱くて」「宣伝下手で」「地域ブランド力が全国47都道府県中の最下位クラスに低迷している」群馬県民気質が乗り移ってしまったのでしょうか。

神戸製鋼の３連覇がかかった１９９０〜１９９１年シーズンの社会人ラグビー決勝は、１９９１年１月８日に秩父宮ラグビー場で行なわれました。三洋は神戸製鋼と対戦し、終盤まで得点は16対

12と三洋が1トライ差でリードしていました。当時はトライが4点、その後のゴールが2点でした。終盤、攻めに攻める神戸ですが、三洋の固い防御に攻め切れません。後半もロスタイムに入って42分。この次プレーが止まれば、ノーサイドの笛という場面。笛が鳴れば三洋の優勝です。

ここで、神戸は自陣10メートルライン付近のスクラムから左へ展開。左隅で三洋につかまりラックに。そこから出したボールをサイド攻撃。これも止められラックに。

「早くプレーが止まれ」

三洋の応援席はドキドキ。

このラックからボールを出した神戸は右オープンに展開しました。右ウイングはオーストラリア代表の快速ウイング、イアン・ウィリアムスです。まずい。でも神戸バックスのパスがやや乱れました。

「パスがつながりません」実況のアナウンサーが叫んだほどでしたが、ハーフバウンドのパスを拾ったスタンドオフ平尾からのパスはひとり飛ばしてウィリアムスへ。ウィリアムスがボールをキャッチしたのは、ちょうどハーフウェイライン上。ここからゴールラインまで50メートルを走り切り、ゴールポスト中央に回り込んで、同点トライとなったのです。

直後のゴールキックも決まって、神戸製鋼が18対16と鮮やかな逆転優勝を決めたのでした。

スタンドで優勝を確信していた三洋・宮地克実監督の笑顔が、茫然自失に変わった様子がテレビ中継で全国に流れたのは、あまりにも印象的な光景でした。

三洋は１９９４〜１９９５年シーズンの社会人大会で、サントリーと27対27の同点で社会人大会初優勝を決めました。しかし、トライ数差で日本選手権出場はサントリー。やっぱり気分は準優勝です。

２００３〜２００４年シーズからトップリーグになりましたが、２００７〜２００８年シーズンと２００９〜２０１０年シーズンの公式戦で1位になりながら、プレーオフで敗れ優勝ならず。でも、直後の日本選手権では２００７〜２００８年シーズンから3連覇の偉業を達成しています。

これは、以前の「社会人優勝→学生優勝チームとの日本選手権→勝利して、文句なしの日本一」という図式からすると、きわめて分かりにくい「日本一」です。「トップリーグ公式戦1位と、プレーオフ優勝と、日本選手権優勝は、どこが一番強いんだ?」と、一般のファンは戸惑ったのでした。こういうシステムの下での3年連続日本一も、ある意味「悲劇」です。

そして２０１０〜２０１１年シーズン。三洋電機はトップリーグ公式戦で2位ながら、プレーオフで勝利し、初のトップリーグ優勝。ところが、ここでも「三洋の悲劇」は健在で、日本選手権ではサントリーに敗れ去ったのです。パナソニックと三洋電機の合併で、チーム名「三洋電機」は最後となったシーズンでも、運命に翻弄されたのでした。

さて２０１１〜２０１２年シーズンは、チーム名も「パナソニックワイルドナイツ」に一新。「悲劇」に終止符が打たれるかどうか?

強豪校が対戦しない関東大学の悲劇

日本のラグビーでは、大学ラグビーが花形でしょう。かつての社会人、今のトップリーグより、一部有力校の試合のほうがスタンドに大勢のファンが集まります、トップリーグ公式戦のテレビ中継はないのに、関東大学公式戦の目玉カードは、毎年中継があります。地方都市に暮らす僕たちにとっては、この中継が楽しみで、録画しておいて、その晩、仲間が集まって一杯やりながらゲームに見入るんです。

さて、そのラグビー人気の中心たる大学ラグビーですが、致命的な欠陥があるとしか思えません。関東大学が対抗戦グループとリーグ戦グループに分かれていることです。

どうしてこういう形になったかについて、歴史や理由などといった表や裏の事情を書き連ねると、なんとなく「そうだよなあ。仕方ないねえ」と自分で納得してしまいかねないので、やめます。ここはファンとしての素朴な疑問をぶつけたほうがいいと思います。

対抗戦グループの有力校たる帝京・早稲田・明治・慶応などと、リーグ戦グループの有力校の東海・関東学院・法政・中央などの有力校は大学選手権優勝を狙えるレベルです。それが同じ関東地区なのに公式戦で対戦しないんですから、見る側の不満が高まらないほうがおかしいでしょう。

僕がファンとして「つまらんなあ」と思い始めたのは、トンガからの留学生が加わり大学一になった大東文化大の全盛期（20年以上前ですね）に、このチームがリーグ戦グループだったので、秋の公式戦で対抗戦グループの早・明・慶との対戦が見られなかったあたりからです。それぞれ大学選手権に進みますが、勝ち上がり式のトーナメント大会ですから、全部の強豪校同士がその年にもれなく対戦する保証なんてなし。

その後、リーグ戦グループで関東学院が常勝軍団になった時代もそう。大学選手権の決勝は何年も続けて関東学院と早稲田なんて図式がありましたが、関東学院が毎年、明治・慶応・帝京・日体大などと対戦したわけでもなかったんですね。

ここ4年ほど、リーグ戦グループでは東海大が勝ち続けていますが、僕が感じる不満は同じ。一番の古豪・法政もそうです。

ファンとして当たり前の感覚で言いましょう。

ひとつの関東大学リーグであるべきじゃないですか。帝京・東海・早稲田・関東学院・明治・法政・慶応・中央・筑波・大東などをはじめとした十数校の関東大学一部リーグがあって総当たりのリーグ戦を実施。そこを頂点に下部リーグがある。そんな形が。

ラグビー界が、自分の手でファンの盛り上がりをそぐようなことしていいのかなあ。僕の頭からは、その思いが離れません。

だってね。プロ野球を見てくださいよ。

僕は少年時代から不満をかかえていました。

王や長島を相手に近鉄の３００勝投手鈴木が三振を取れるのかなとか、４００勝の金田と三冠王の野村が対決したら面白いだろうなあ、といったものです。

江夏と東映の張本も面白い対決だろうし、阪急の山田なんて３００勝近い大投手なのに、僕の記憶には日本シリーズで絶不調だった王に逆転サヨナラ３ランを打たれた悲惨な姿しか思い浮かびません。

堀内から世界の盗塁王福本がヒットを打って、さて、二塁盗塁に成功するか。名捕手・森はいかに防ぐか。

そんな展開を日常的に見たかったものです。

セ・パ両リーグ交流戦なんてシステムが実現したのは最近のことで、すでに僕はプロ野球への興味を失った後のことです。

大学野球もそうです。東京六大学が有名ですが、野球通に聞くと、本当の実力者は東都リーグなんだそうですね。その「本当に強い」東洋大や駒沢大などが、早稲田の斎藤ユウちゃんと火花を散らす戦いが公式戦では見られませんでした。これも、野球ファンにはストレスがたまったことでしょう。

大相撲が若貴ブームで空前の盛り上がりを見せた時代。若乃花と貴乃花は同部屋ということで公式戦（本場所）の対戦なし。1回だけ同じ勝ち星で優勝決定戦を戦ったことがあっただけ。ファンは毎場所このカードを見たかったでしょう。何を言いたいかと言うと、スポーツの世界で強い物同士の対決が見られないくらい興ざめすることは他にないという話。

プロレスもそうでした。いろんな制約があったことは想像できますが、全盛期のジャイアント馬場とアントニオ猪木のシングルマッチが実現しなかったことは、ファンの期待という点からすれば、プロレスの歴史における一大汚点とも言えるでしょう。

どっちが勝ったっていいんです。あのふたりが団体の枠を超えて直接対決していれば、僕たちはいまだにその試合の記憶や映像を肴に酒が飲めることは間違いないからです。

関東大学ラグビーにおける、ふたつのグループという形は、それほどに罪深いものであるのです。ですから、今の形はファンにとって間違いなく悲劇なんです。

転機となった「145対17」の悲劇

日本においてメジャースポーツだったラグビー。その人気が下落に転じた分岐点は、やっぱり1995年のワールドカップでニュージーランドに145対17で大敗したことでしょう。

新日鉄釜石と神戸製鋼の日本選手権7連覇や、早明を頂点にした大学ラグビー人気で、日本人のラグビーへの関心はかなり高かったんです。

1989年のスコットランド戦勝利が象徴的ですが、世界の強豪チームと対戦しても、けっこういい勝負をした時代が続きました。だから日本ラグビーが世界で輝く日を、みんなが期待したのでした。

かつては本場アメリカのメジャーリーグのチームが来日する「日米野球」というイベントがありました。毎日新聞と読売新聞が交互に主催していたものでした。

戦後からずっと「大リーグ（「メジャーリーグ」とは言いませんでしたよね）」には歯が立たなか

った日本のプロ野球。王・長島がいた時代でも、大リーグには勝てない。星飛雄馬の魔球は「大リーグボール」という名前だったんです。本場の強さへの深い敬意ですね。

それが1980年代、90年代になるといい勝負ができるようになったじゃないですか。日本代表チームも、単独チームも、対等の試合をするようになりました。野球における「日米格差」はなくなった。誰もがそう思ったのでした。そして、今日、日本人が当たり前のように「メジャーリーグ」で活躍する時代を迎えたわけです。

日本人は、世界の場で活躍する日本人アスリートの姿を見るのが好きです。

普段はスポーツ中継など見ない人でも、オリンピックとなると、テレビにくぎづけになるもんです。柔道などという競技になんの関心もないのに、オリンピックや世界選手権のテレビ中継は、深夜でもしっかり見るという傾向も一般的ではあります。

戦後の復興から世界屈指の経済大国になった歴史を持つ日本。体格差というスポーツにおいては致命的なハンディを克服して（この「克服」という言葉が大好きな国民性ですからね）、世界の舞台で金メダルや銀メダルを取る日本人の姿に酔うのが大好きなことは疑いようがありません。

ラグビーについても、ヨーロッパや南半球の「先進国」と接戦を演じるまでの実績を重ねてきた80年代。その末に、ラグビーワールドカップという世界大会が始まっただけに、日本のラグビーファンは「世界の舞台で表彰台に立つ日本フィフティーン」の姿を夢見たのでした。そんな期待を背景に、ラグビー人気は盛り上がってきたのでした。

その夢や期待が、実は「幻想」にすぎなかったことを思い知らされたのが、95年のワールドカップ・ニュージーランド戦の「128点差」。

▼4分弱に1本のトライ

僕自身、テレビ中継を見ているのがつらかったのです。もちろん、最初からニュージーランドに勝てるなどと思っていたわけではありません。

「負けるにしても、どのくらいの点差ですむかなあ。50点差くらいまでなら、健闘だよなあ」

そんな、ちょっと情けない、しかし冷静な戦力判断の上で中継を見ていました。

こんな気持ちのファンは多かったと思います。

「世界一のニュージーランド相手に50点差負けなら、頑張れば4年後は30点差に。8年後はいい勝負ができるまでに成長できるかもしれないじゃないか」

でも、この期待は無残にも打ち砕かれたのでした。

前後半80分でニュージーランドが日本から奪ったトライは実に21本。ということは単純計算して4分弱に1本のトライということです。

僕らの目の前では、キックオフしたら「あれよあれよという間にニュージーランドがトライする」という練習のような光景がずっと続いていたことになります。

そんな気分だったということです、4分弱分に1本のトライというのは。

この試合のニュージーランドはワールドカップの最多得点、最多トライ、最多ゴール……。日本にとっては屈辱的な言葉が並ぶ、まさに歴史的惨敗だったわけです。しかも相手は「控えメンバー中心」のチームだったんですから。

「そうか。日本のラグビーって、世界の一流どころとはここまでの開きがあるんだな」

懸命に戦い、前半に1ペナルティーゴール、後半に2トライ（ゴール）を返した日本フィフティーンには、なんとも申し訳ないことですが、ファンってのは冷酷なもんですから、多くの人がこんなふうに落胆してしまったのでした。

その落胆は、なにを招くか？

国内の社会人や学生のリーグで、いかに感動的なゲームが行なわれても、冷めた感覚が離れなくなるんです。

「今日もいい試合だったなあ。でもなあ、実力伯仲といっても、世界から遠く離れたレベルでのことだからなあ。『なんとかの背比べ』ってやつか……」

目の前の好試合にも、気分はいまひとつ盛り上がりません。

「まあ、世界レベルからいくと『二軍戦』か……」

プロ野球の二軍戦たるイースタンリーグやウエスタンリーグの試合が身近な球場で行なわれても、「あれは若手の練習の場だから」となかなか見に行かないもんです。繰り返しますが、プレーヤーにはなんとも申し訳ないのですが、ファンというのはそんな気分になってしまうのですよ。

ニュージーランド戦大敗の95年は、サッカーのJリーグが始まって3年目で、大きく盛り上がってきた時代でした。これ以降、日本におけるフットボールの主役は、ラグビーからサッカーに移ってしまったんです。

世界レベルとの格差の露呈と、同じボールゲームであるサッカーの隆盛。これによって、日本のラグビーは冬の時代に入ったような気がします。

▼世界で勝ってこその人気

太平洋戦争の荒廃から復興して、世界屈指の経済大国を作り上げた日本人には「世界のどこにも負けない」を貫いてきたプライドがあります。

東京オリンピックの女子バレーボール、ミュンヘンオリンピックの男子バレーボール、さらには体操、柔道、水泳、陸上……。世界大会の場で勝つことが、そのスポーツの国民的「認知」の絶対条件でした。

終戦直後の国民的英雄は、「フジヤマのトビウオ」古橋広之進でした。日本が国際水連に復帰した1949年の全米選手権で世界新記録を連発した古橋を、アメリカの新聞が「The Flying Fish of Fujiyama」と激賞。これは「日本史」の世界です。

野球は「日本より強いのはアメリカだけ（普通のファンはキューバなんて関心なしですからね。キューバと言えば、野球じゃなくてカストロでしょうし）」ですから、「王、長島」「巨人の9連覇」

で存分に盛り上がれました。しかも、シーズンオフの興業とはいえ、日米野球では年々メジャーリーグと互角の戦いを演じるにいたりました。ですから、国民的人気が続いたのでした。

大相撲は、他国にプロ力士やプロリーグがなく、「国内大会である本場所が世界最高峰」でしたから、栃錦、若乃花、大鵬、北の湖、千代の富士、貴乃花、朝青龍（国籍はともかく、彼も「日本の横綱」ですからね）といった「日本一」が「世界一」だったわけで、人気も絶大でした。

これは、力道山、ジャイアント馬場、アントニオ猪木といったプロレスラーも同様です。ファンは彼らを「世界最高の選手と同格」、というか「最高峰」という視点で眺めることができたから、その試合に熱狂できたのです。

力道山の時代は、太平洋戦争の「鬼畜米英」をリング上でねじ伏せたわけですし、不滅のチャンピオン、ルー・テーズと互角の戦いを演じたのでした。ジャイアント馬場は、当時の世界最高峰たるＮＷＡ世界王者のベルトを2度も腰に巻きました。アントニオ猪木は、ボクシングの世界最強モハメド・アリや、柔道オリンピック金メダリスト、ウイレム・ルスカをはじめとした「世界の強豪」と異種格闘技戦を企画して、自らが「世界最高」であることをファンに印象づけたのでした。

ファンは、力道山を、馬場を、猪木を、「世界一強い戦士」としてあがめたのでした。

プロレスが「１００％真剣勝負」だの「筋書きのあるドラマ」だのという論評に、僕は関心がありません。

力道山の、馬場の、猪木の、企画力の素晴らしさに舌を巻くわけです。世界に名の知れた強豪を招聘して、試合を組める実力。そして試合の場での熱戦に、ファンは「日本のレスラーは、世界最高レベルだ」と納得できたわけです。

ボクシングでも、1952年に日本人で初の世界チャンピオンとなった白井義男（フライ級）、さらには「幻の3階級制覇」のファイティング原田（フライ級、バンタム級を制覇し、フェザー級は「勝ち試合」を敵地でのホームタウンデシジョンで失う）はヒーローでした。世界最高峰だから国民が熱狂したわけです。彼らより強い者は地球上には存在せず、火星人くらい……って。

▼「世界水準」か「別の観点」か

この「世界レベル」って大事ですよね。

バレーボールも体操も、世界大会の低迷に比例して人気が下落したじゃないですか。テニスが、日本ではどうにも盛り上がらないのも、四大大会といった場では通用しないことが大きな原因でしょう。

僕は「中学時代にテニス部に入っていたことがある」というカミさんの手ほどきで、たまに日曜テニスに興じますが、かなり面白いスポーツだと思います。たしかに、その影響でウィンブルドンなどの四大大会のテレビ中継って、けっこう熱心に見ますが、日本のテニスプレーヤーの名前はほとんど知りません。これは「世界レベル」の条件が満たされていないことからくる「無関心現象」なのでしょう。

古い時代をさかのぼっても、日本のテニスプレーヤーの名前が出てきません。世界レベルなら、名前だけはけっこう覚えているじゃないですか。

ビョルン・ボルグ、ジョン・マッケンロー、ジミー・コナーズ、クリス・エバート、シュテフィ・グラフ、マルチナ・ナブラチロワ……。そうそう、大昔はキング夫人って名プレーヤーがいましたね。なぜスポーツ報道で「夫人」なんてつけていたか、分からないままでしたが。

最近なら、ラファエル・ナダル、ロジャー・フェデラー、美貌のマリア・シャラポワ、あまりにも力強いウィリアムズ姉妹……。

日本人では、ああ、いたいた。沢松和子。この人、ウィンブルドンでダブルス優勝したでしょう。あの時代、一般紙の運動面でも「四大大会で初の快挙」なんて大騒ぎでしたから。

それと、カムバック後の活躍で話題の伊達公子か。この人、世界ランク4位でしたしね。あとは杉山愛に、男ならあの「熱～い」松岡修造でしょうか。

やっぱり「世界レベル」じゃないと、関心がわかないんですね。

となるとラグビーは……。いろいろ考えないといけませんね。少なくとも国内のトップリーグとか学生ラグビーだけが盛り上がっていても、「再メジャースポーツ化」への道は開けてこないってことです。

つまり「世界水準」か「別の観点か」って論点での取り組みが欠かせないわけです。それがなされないならば、その末には大きな悲劇が待ち受けていることでしょう。

「日本代表の胸に、どうして広告が……」の悲劇

桜の花をあしらった日本代表のジャージ。「桜のジャージ」は、それなりにファンの胸の高鳴りを呼ぶものでした。「やっぱり日本人は桜だよね」というわけです。

ですから、ラグビー少年たちも「いつか、桜のジャージを着たい」が大きな夢であり続けるのです。

でもなあ、桜の花は胸に小さく表現されているだけだから、テレビでもアップされなきゃ分かりませんね。

その代わりですなあ、いつの時代からでしょう、胸の真正面に大きな文字で某製薬会社の栄養ドリンクの名前が輝くようになったのは。

べつに、その商品が嫌いだとか好きだとかいうことじゃないんです。僕自身、子どもの頃から飲んだことはあります。世界の王選手が「ファイトで行こう」と言ったり、アクション系俳優がロッ

ククライミングや激流下りをしながら「ファイト　イッパーツ」と叫ぶ商品ですからね。

広告宣伝は悪い事じゃありません。テレビ、新聞、雑誌、インターネット、街中の看板……、ちまたは広告だらけ。競技場のスタンドやフェンスだって広告だらけ。いいですよ、その料金がそれぞれのスポーツ振興に役立っているんですから。

でもね、日本代表が試合前に整列して、スタンドがシーンとして、「君が代」が流れて、「さあ、日本の勝利に向かって命をかけて」ってときに、特定商品の文字が目に飛び込んでくるって、いかがなものかと首をひねるんですよ。

「さあ、これから全力で戦うぞ」というときだから、「ファイト　イッパーツ」の声が聞こえてきそうな商品名が大写しになるのは、まさか「士気高揚の意味でお似合いかもしれません」ってシャレじゃないでしょうね。

個々のチームの試合なら、ジャージになにが書いてあったって自由でしょう。そのチームを運営する企業名、たとえば「東芝」でも「三洋電機」（これからは「パナソニック」でしたね）でも、「サントリー」でも「ヤマハ」でも。

野球でも「読売新聞」「中日新聞」「阪神電鉄」「ソフトバンク」「日本ハム」などなど、いろんな業種の親会社名がユニホームに描かれています。

これらは所属先の明示ですから当然でしょう。

ヤクルトなら打席に立つ際にかぶるヘルメットに、栄養飲料の「タフマン」の文字が浮かんでいます。これは親会社の主力商品ですから、当然の宣伝戦略でしょう。宣伝したいがために球団経営をしているのですから。

でもねえ、ナショナルチームの胸に栄養ドリンク名かあ……。繰り返し言いますが、このドリンクにも、作っている製薬会社にも別に不満はないんです。ファイトがわいてくるかどうかは別にして、冷やして飲んだらおいしいです。

ただ、大勢のファンは「日本代表」とか、代表チームの特定プレーヤーに声援を送るのであって、栄養ドリンクを後押ししているわけじゃなし。

栄養ドリンクだから抵抗があるのではありません。車・食品・衣類・貴金属……、ありとあらゆる商品名にしても、日本代表の胸にドーンと「商品広告」があることが、見る者の感動をそぐことになりはしませんか、という危惧なんですよ。

だってね。日本代表ジャージの桜の下に「高級車の最高峰□□□□」とか、「台所の陰の主役・◇◇しょうゆ」とか、「女性を、より魅力的に見せる○○のインナーウエア」（仮にこの広告が女子日本代表の胸にあったら、別の意味で物議をかもすかも）とか、商品名はなんでもいいです。いろんなスポンサーからの広告を想像してみましょう。テレビ中継がある試合ならば、スポンサーにとっては広告効果は大きく期待できるでしょうが。ラグビーを見たい人にとっては……ね。

広告は、まっとうな営業手法ですよ。でも、「ひたむきに」「愚直に」楕円球を追い、命を捨てるかのようにタックルに飛び込む「気高い」スポーツの試合中に、ジャージに描かれた商品名を見ると、「ああ、これで何千万円もの広告料が入るのだろうか？　孤高のスポーツも、やはり金にはかなわんのか」なんて余計な考えが浮かんできて、目の前のひたむきなプレーの観戦に集中できないんですよ。

もちろん、海外の代表チームや強豪チームのジャージにも、広告が入っているケースがあります。だからって、日本も「右へならえ」しなくてもいいじゃないですか。あれに違和感を持つのって、僕ひとりかあ？

僕は、あの日本代表ジャージへの広告掲載もまた、悲劇でしかないと思います。ラグビー場の外壁・フェンス・客席のすべてに協賛企業の名や商品名の広告を飾ってもいいけれど、ボールを追うプレーヤーの胸には。

Ⅱ 逆襲指令を発動せよ
「ラグビー＝スポーツ・オブ・スポーツ」の理由

「ルールが分からなくても最高に楽しい」を広めたい

「細かなルールなど分からなくても、タックルのときのガツンという音、小柄なプレーヤーが大男を一発で倒す迫力。それと独走トライの爽快感かな。これを味わうことで、『ラグビーって面白い』って感じると思うよ」

と男性ファン。なるほど。

「敵陣ゴール前数メートルまで攻め込む。もうひと息でトライという場面でオープン攻撃。そこへ防御側のセンターあたりが攻撃側のパスをインターセプトして90メートル以上も独走してトライする。この『無人の荒野を駆け抜ける』がごとき痛快さね。ボールゲームの中でも、これはラグビーだけのものでしょう。ルールとかの問題じゃないんだなあ」

同感です。

▼どのスポーツもルールブックは難解なのに

ルールを覚えなければ、そのスポーツを楽しめないのでしょうか。

ルールが複雑だから、よく分からないからラグビーはつまらない。そんな言い方がありますが、ルールブックが分厚いのは、どのスポーツにも共通することでしょう。野球だって、サッカーだって、ボールゲームにはかなり複雑なルールが決められています。それは当たり前の話として、問題は、「ルールに詳しくなければ、見て楽しめないか?」という問いに対して、ほかのスポーツでは「ノー」と答える人が多いのに、どうもラグビーについては「イエス」と考える傾向があるってことです。偏見に近い気がします。

「ルールが複雑で、覚えきれないほどある」↓「ルールに詳しくなければ、見ていて面白くないはずだ」↓「ラグビーを見るのはやめよう」

この図式、実にもったいない。

でも、スポーツの世界って、そんなに複雑なんでしょうか。専門的なルールブックは分厚くても、それに関係なく、見ていて楽しめるのがスポーツの真骨頂でしょう。

野球は「ヒット・四死球・相手エラーなどで一塁に出た走者が、後続の打者のヒットなどで二塁・三塁を回ってホームベースに帰ってくれば1点。打球が直接外野フェンスを越えるホームランなら、ゆっくり回ってホームベースに帰れる」という最低限の得点方法だけ知ってりゃ、見ていて楽しいじゃないですか。

サッカーは、「ゴールキーパー以外は基本的に手を使ってはいけない。足でボールを蹴ってつないでいく。その末に敵ゴールに蹴り込んだら1点」と、やはり最低限の得点方法だけ知ってりゃすみます。

バレーボールはコート内のボールを「ノーバウンドで」打ち合う。テニスはコート内において、ノーバウンドかワンバウンドでボールを打ち合う。それが分かってればOK。

▼ルールはこれだけでいいんです

ラグビーだって同じこと。ボールは真横から**後ろの味方にしかパスできない**。キックは前に蹴ってOK。そうやってパスやキックで陣地を進めて、相手ゴールラインを越えたエリア（これがインゴールですね）の地面にボールをつける「**トライ**」で5点。直後の**ゴールキック**が入ればさらに2点。相手のミスで得た**ペナルティーキック**がゴールに入れば3点。プレー中に持っていたボールを地面にバウンドさせて蹴ったボールがゴールに入れば3点（**ドロップゴール**）。

防御側は、ボールを持って走る相手に直接飛びかかったりつかまえたり、倒したりして、その攻撃を防ぐ。これが**タックル**。

攻撃側も防御側も、**ボールより前にいるプレーヤーはプレーしてはいけない**。いったん、ボールの後ろに下がらなければなりません。

これだけ覚えておけば、試合を楽しめるわけです。

他のスポーツ同様、単純明快じゃないですか。

でも、多くの人は「ラグビーはルールが複雑で分からない」「分からないから、試合を見てもつまらない」になってしまいます。

これは、ラグビー関係者を中心に「ラグビーのルールをよく知ってる人たち」の、宣伝広報における怠慢と言えるかもしれません。

いわゆる「ラグビーは分かる人が見ればいいんだ」の表現に代表されるスタンスですね。

でも、これではファンは増えません。

「業界の知識について、世間一般はほとんど知らないのが当然なのだ」

そういう認識を持たなきゃいけません。

「みんなが知らないのだから、当たり前だと思うことでも、繰り返し告知するのだ」

この考え方は、間違いなく正論なんです。

メディアによる広告宣伝が営業の柱である外資系保険会社の手法は、まさにそれでしょう。

「ご存じでしたか？　自動車保険は走行距離によって金額が変わります。当社の保険なら、年間の走行距離が短い人ほど、保険料が安くなります」

「ええ、本当？　初めて聞いたわ。じゃあ私の保険も安くなるかも」

消費者の反応は、こんなものです。こういう「当たり前」中の「当たり前」のことを大きくアピールする手法が、やっぱり有効なのだとすると、ラグビー業界も考えなければなりません。

車の買い取り業者の宣伝広告に、こんな主張が。

「ご存じでしたか？　車の査定は難しいものではありません。車種・年式・走行距離の3点をお聞かせいただければ、おおよその金額が出せます」

「ええ？　それだけで分かるんですか」

これも盲点ですよね。中古車の査定って、実際に査定マンがきたってこの3点に基づくものじゃないですか。僕も何度か査定してもらいましたが、エンジンかけない人もいました。その場で金額を出してくれましたよ。だから、よく分かります。

でも世間には、「……以上3点で金額が出ます」のアピールが「おお、なんと迅速査定ができる素晴らしい会社なんだ」となるのでしょうか。

たしかに、「それが世間」だと言うことはできます。

だとしたら、前に述べましたが、いくらせつない気持ちになっても、テレビ中継の冒頭で「ラグビーはボールを前に投げたり落としたりしてはいけません……」を繰り返さなくてはならないのかもしれません。それ以上にもっと工夫した「告知方法」も欠かせません。

「基本中の基本が知られていないのだから、それをさらに面白く伝えよう」

地道な努力が、そもそもラグビーの美学なんです。それだけに「泥臭い」ことを「スマートに伝える」努力は欠かせないと言えます。

ボールに神仏が宿る唯一のスポーツ

僕は神や仏にお目にかかったことがありません。

日本人だから、仏教には人一倍関心があります。昔、仕事で国内のお寺を10年ほど回り、住職たちと語り合った時期もありました。実家が檀家になっているお寺は、あの道元禅師が開いた曹洞宗です。

とはいえ、不幸なことに（普通、みんなそうでしょうが）、神様や仏様とお会いしたり、言葉をかわしたりした経験がありません。

ですから、優れた思想家としてのキリストや釈迦が実在したかもしれないことについては、否定するつもりもありませんし、人生にとってすごく有意義な思想であることは、これは疑いようのないこととも思います。

これまでの50年余の人生で神様仏様に会ったことがないのですから、「神や仏が現実にいる」とは考えにくいだけのことです。

あるキリスト者に本気で不遜な質問したこともあります。

「神という存在は、『偶然』を高度に理論化したものではないですか?」

その人から、僕自身が納得できる答えはいただけませんでした。

親しいお坊さんがいます。その人はお葬式の際でもきちんと法話をしてゆく、当節では数少ない立派な人です。

でも、その人は僕にこう言います。

「みなさんに『故人が極楽浄土に旅立つために……』と言うたびに、『ああ、自分はまた嘘をついてしまったなあ』と思うんですよ。だって、私は極楽浄土を見たことも、行ったこともないんですから。故人が浄土で弟子入りするはずのお釈迦様にも、お目にかかったことはありませんし」

僕は、このお坊さんが大好きです。仏様は見たことがない。しかし釈迦の教えが生きる上での心の平穏を招く。だから、自分は仏道の心を周囲に伝え続ける。こういう人は信頼できます。

さて、無神論について書こうというのではありません。

「偶然」の結果が「神や仏の意思だと表現されているだけではないか」と考える不謹慎な僕が言うと「矛盾している」としかられそうですが、こう思うんですよ。そこはラグビーびいきの身勝手さです。すいません。

「ラグビーにおける『偶然』というものは、神か仏の意志と考えるべきなのではないでしょうか。

ラグビーだけは……」

ラグビーの「偶然」とは、言うまでもなく「楕円形のボール」からくるものです。蹴ったり、落としたりして、地面をころがるボール。世の中の球技で数少ない楕円形であるがゆえに、前後左右どこに向かうか分かりません。野球の内野ゴロで「イレギュラーバウンド」というのがありますね。ボールはまん丸ですから、「レギュラー」であるほとんどのゴロは、一定方向に規則的にバウンドします。例外的にグラウンドの荒れやボールの回転によって、思わぬ方向にバウンドしてヒットになったりします。イレギュラーヒットですね。

楕円形ボールのラグビーでは、野球で言う「イレギュラー」が「レギュラー」なわけです。ころがってきたボールを拾おうとしたプレーヤーの目の前で、ボールは右に行くか左に行くか、上に大きくはねるか……。常に「イレギュラー」が「レギュラー」なのです。

この予期せぬバウンドばかりという光景が「人生そのもの」を象徴しているかのようです。さらに考えれば、ラグビーボールの不規則性は「偶然」を通り越して、神や仏の意志がそうさせているものではないかと考えると、納得しやすいんですね。

▼ボールに聞いてくれ

なぜ楕円球なんでしょうか。

前にもふれましたが、真偽のほどはさておき、有名な伝説がありますよね。

1823年、イングランドの有名パブリックスクールであるラグビー校で、フットボールの試合中に、興奮した少年エリス君が、ボールをかかえてゴールめがけて突っ走ったのが、ラグビーの起源だって話。

かかえて走るためには持ちやすくて軽いボールがいいでしょう。そこで町の靴の修理屋さんが、軽くて弾力性のある豚のぼうこうに着目。この細長いぼうこうに空気を入れてふくらませて、表面に皮を張ったボールを作りました。だから、まん丸ではなく、細長い「楕円型」になったって伝説です。

まあ、伝説は伝説として、この「形」がラグビーでは試合の行方を左右する要因になったんですね。

実力伯仲の試合の場合、楕円球がどうころぶかで勝敗が決まることが常です。

スタンドオフがゴール前に蹴ったボールを追いかけるウイング。当然相手も走っています。攻守ふたりが並走。ゴールライン前に落ちたボールが、そのままインゴールにバウンドしてくれれば、ウイングはボール目がけてダイビングして押さえてトライかも。防御側が押さえれば、プレーはそこで止まり、危機を一時脱出します。

ゴールラインの前で左右どちらかの横に向かってころがれば、攻守どちらもボールに飛び込み、立ち上がるまでにもうひとりふたりのプレーヤーが加わって密集になってプレーは継続、ハラハラドキドキは途絶えません。

80分の試合中、絶えることなくこの「イレギュラー」が展開されます。「絶えることなく」ということは「レギュラー」であることを意味します。

イレギュラーバウンドが「レギュラー」であるということですから、プレーしている者も、見て

いる者も、そのハラハラ展開を「偶然の産物」として片づけるには無理があるし、割り切れなさが残ります。

「偶然に左右されるために、必死に練習を重ねてきたのか?」

プレーヤーはそんな無力感にとらわれかねません。

「偶然の積み重ねの末の勝利などというゲームを見ることが楽しいか?」

見る者の中には「時間の浪費感」をいだく人もいるでしょう。

となると、ラグビーにおける楕円球の不規則なころがりは、「神か仏の意志」が働いていると解釈するほうが楽しそうなのです。

実力伯仲同士の試合の場合、神仏がこんなふうに試合をコントロールしようとしているのではないかという考え方です。

「ボールを追って走っている彼は、あれだけ身を削り、血を吐いて練習してきたのだ。ここでトライさせようじゃないか」

「ディフェンスに命をかけてきたフルバックがボールを追っている。ここはピンチから脱出させてもいいか」

「蹴ったボールがインゴールをころがっているが、デッドボールラインを割らないよう、ここでバウンドを止めよう。ボールに向かっている攻防ふたりのプレーヤーのどちらの足が速いか、観衆は固唾を飲んで見守っているんだから。プレーを止めてはいけない」

神や仏が稀代の演出家となって、観衆にはたまらなくスリリングで、プレーヤーには過酷なシナリオを書き、ドラマを演出するのです。単なる「偶然」と考えれば、そこまで。見ていて体が熱くなることもありませんが、そこにいかなるシナリオがあるのかを想像しながら、目の前のプレーを見れば、楽しさは2倍、3倍となるのであります。

「そんな『神がかり的』なことを言って……」

みなさん、そう思うでしょうね。でも僕は「大ボラ」吹いているわけではないんですよ。実際、ラグビー少年だった高校時代に、そんな経験を何度もしています。

ある試合の終了間際。同点でした。

敵陣10メートルラインを少し進んだあたりで、相手のオープン攻撃からこぼれたボールが、ディフェンスに行った僕の目の前にころがりました。とっさに真っすぐ前に蹴った僕と、相手フルバックの競走になりました。ボールはインゴールに入っています。僕が先に飛び込んでボールを押さえればトライ。相手が先に飛び込めば、相手ボールのドロップアウト。

ゴールライン1メートル手前で僕は祈りました。右隣を相手が走っています。

「ボールよ、頼むから左にころがってくれ」

その瞬間です。やはり楕円球には神が宿っていたのです。ボールがわずかに左によろけるように動いて止まったんですから。

そのボールめがけて僕も相手もダイビング。ボールがわずかに左に寄った分だけ、左側を走っていた僕の両手が先にボールをかかえこみました。

試合を決める決勝トライでした。

僕と争った相手は「右にころがれ」と祈らなかったのでしょう。いや、祈ったはずですが、僕の祈りのほうが強かったと言うべきでしょう。当然です。僕がボールに追いつけば決勝トライ。相手が追いついても、大ピンチをとりあえずしのぐだけ。ボールをつかむための「モチベーション」に差があっても当然なんですね。そこを神仏が冷静に見て「よし、この展開なら、あの走っている子（僕ですね）を今日のヒーローにしてやろう」と、ころがるボールを最後の最後でやや左によろけさせたんです。

僕自身、こんな経験は数多くありますし、ラグビー経験者なら、誰もが同じことではないでしょうか。

一瞬のボールの行方を「偶然」と見るか、「神仏の手によるもの」と見るかで、そのときの感動が全然違います。「必然」だとすれば、その理由は？　背景は？という思いがつのります。興味がわきます。話が盛り上がります。

「神の見えざる手」は、なにも経済学の世界の専売特許ではないでしょう。むしろ、楕円球ということで「イレギュラー」が「レギュラー」であるラグビーにこそ、その言葉が当てはまるのではないかと強く思うのです。

これはラグビー観戦のうえで大きな魅力にほかなりません。

タックル、その恐怖の克服の末に

走る格闘技の象徴・タックル。もちろん、単に敵の攻撃を防ぐための手段ではありません。タックルによって相手が持つボールを奪い返して、一転、攻め込んでいく。防御から一歩進んで、「攻撃の起点」がタックルであることは、経験者のみなさんご存じの通り。

高校生の頃、ラグビー部の監督に「タックルはなんのためにするのか」と聞かれて、理屈っぽい僕は「相手の攻撃を断ち切り、こちらの攻撃態勢を作るためにするんです」と教科書を丸暗記したような言い方をしました。

それが監督は気に入らなかったのでしょう、隣にいたチームメートに同じ質問をしました。彼は答えました。

「試合に勝つためにするんです」

これは本質論です。「こいつには勝てないなあ」、そんな思いに駆られたのは、35年以上も前のこと。

そんな思い出話はともかく、ラグビーというゲームを構成する基礎たるタックルですが、僕は試合を見ていて真正面からタックルに飛び込むプレーヤーの姿を見ていられないのです。

というのは、僕は高校3年のとき、試合中タックルに飛びこんで右肩を脱臼しました。その脱臼が癖になって、しょっちゅう外れるようになったんですね。野球のボールを投げても、バレーボールでサーブを打っても、「ガクっ」と外れてしまうんです。体操していて右腕を振り回していて外れたことさえあります。もう30回以上も外しています。利き腕だけに、これは不自由なものでして、あらゆるスポーツを「本気になって」できないんです。もちろんラグビーも。20代、30代と草ラグビーチームでおそるおそる楽しむ程度だったんですね。

そんな経験があるので、全力で走ってくる相手に正面切ってタックルに飛び込むプレーヤーの姿を見ると、思わず目をつぶってしまいます。

肩を脱臼して退場する姿を見ると、「あいつのこれからのラグビー人生は大丈夫かなあ」と余計な心配をしてしまいます。

冗談抜きに、タックルは「命がけ」です。

本当の「命」の意味でもありますし、「プレーヤーとしての生命」の意味でもありますが。そういう「命がけの行為」を試合中ずっと繰り返すのが、プレーヤーの宿命。「捨て身」のタックル、

「果敢」なタックル……、タックルにはいろんな形容詞がつきますが、本当に「身を捨てる」ことになってしまう可能性が決して低くはないプレーを続けるんです。人生を賭けているとも言えます。「身を捨てて、チームの勝利を」の意味では、太平洋戦争の「特攻隊」精神と言えなくもないでしょう。スポーツと戦争を一緒に論じてはいけませんが、両者に共通するのは、「技術の巧拙」ではなく「恐怖の克服」にあるわけで、そのあたりの心理をふまえておくと、試合の魅力がグンと上がること疑いなしです。

報われないポジションの、あまりに崇高な精神

ひょっとしたら、ラグビー人生で1回も「トライの感激」を味わえないかもしれないのが、プロップ・フッカー・ロックのフォワード第一列・第二列というポジション。

でも報われないポジションが「試合で実際に走る距離」は、バックスの比ではないんです。グラウンドを上空から眺めた光景を思い浮かべてください。上空のアドバルーンに設置したカメラからの映像ってよくありますが、あの感覚です。

タッチラインと平行する形で「直進」するのがバックスの動き。

個々のプレーヤーは直進ですが、パスされるボールの動きは「横へ横へ」という流れです。フォワードはバックラインをフォローしながら走るため、グランドを斜め横に走ります。そして密集になって、ボールが今後は逆方向へ展開される。すると、そのボールを追って斜め横に走ります。そうやって「折れ線グラフ」のようにジグザグ型に走ることを強いられます。

これがラグビーです。

バックスと言えば「走る」、フォワードと言えば「押す」というイメージがあります。ボールを持って走る姿が印象的なのはバックスだから「走る」というイメージ。スクラム・ラインアウトやモール・ラックという密集戦が目立つため「押す」イメージのフォワード。

でも、1試合の「走行距離」なら、フォワードのほうがはるかに長いんです。直進より、ジグザグのほうが、長いに決まっていますよね。

しかも、バックスはボールを持った瞬間は全力で走りますが、ボールをパスした後は、スピードを落として、次のプレーに備えます。ひと息つけるわけです。

でも、フォワードは「密集で押す」→「ボールが出てバックスに回る」→「バックスをフォローして全力で走る」→「密集に加わって全力で押す」→「ボールが出て、バックスに回る」→「すばやく密集から離脱して、バックスのフォローに全力疾走する」の繰り返し。休む暇がないのです。

それでいて、現実にボールを持って突っ走ったり、ボールをかかえてインゴールに飛び込む「トライ」のチャンスは極めて少ない。

ひたすら「地味な役割」に徹し続けるのです。

勝利のために「自己犠牲」に徹する。なんと気高い、崇高な精神でしょうか。

さらには、ボールを持った相手に向かって「捨て身のタックル」を繰り返すのも、やはり「自己犠牲」の精神にほかなりません。

報われなくても、目立たなくてもいいんだと言わんばかり。

「これが自分の生きる道だから」

これは、人生を切り開くうえでも通用するあまりにも崇高なスピリットじゃないですか。

そのプレーが目立ちやすいがゆえに脚光を浴びるバックスというポジション。常に密集に位置するだけに、目立ちにくく、脚光を浴びることの少ないフォワードというポジション。トライをあげて歓声を一身に受けるバックス、そのトライの下地を作ったにもかかわらず、トライという「果実」をもぎ取ることの少ないフォワードが、バックス以上の長い距離を常に全力で走っているのです。

それはまさに、「不条理性」が目立つばかりの僕たちの人生の縮図です。

ラグビーが単なるボールゲームではなく、「人生そのものである」と言われる理由はここにもあります。これが、このスポーツの大いなる魅力にほかなりません。

「分業なのに完結」は、「人生」そのもの

チーム競技でも、大工場のように「高度に分業した」性格のものもあります。

アメリカンフットボールが好例です。

ラインメンはずっと相撲の「はっけよい、残った」の立ち合いみたいなことの繰り返しだし（アメフトのみなさん、素人の表現ですいません）、ランニングバックはパスプレーの主役。クオーターバックはゲームメークの司令塔。

攻撃メンバーと守備メンバーも違うという、徹底した分業です。

野球もそうです。投手・捕手・内野手・外野手の職務的分業。投手は先発・中継ぎ・抑えとキッチリ分業。しかもパ・リーグは、「投げる専門」で打席に立たないじゃないですか。そこには「守備なし」の指名打者が入ります。

打者は、出塁を要求される1番、送りバントが要求される2番、ガンガン打ちまくることが要求

される3、4、5番などと、ここでも役割別分業。代打専門の打者だっています。するを、2番や6、7、8、9番は目立ちませんね。中継ぎ投手も目立ちにくい。

その点、報われないポジションがはっきりしているラグビーですが、そんなポジションであっても、懸命に走れば、トライチャンスもあります。ボールを持って突進してくる相手を倒すタックルで、評価を上げることは当然の展開です。

その象徴が2010～2011年シーズンのトップリーグMVPでしょう。三洋電機のフッカー堀江翔太だったじゃないですか。これは、野球で言えば「送りバントに精を出し、守備も堅実だった2番・セカンド」がMVPになったみたいなものでしょう。

野球なら、ほぼないことです。でも、ラグビーなら、「目立ち度」が低いポジションのハンディも乗り越えて、その年に一番輝いたと評価される賞がもらえるわけです。

フッカーはラインアウトでボールを投げることが多いので「プロップよりは目立つんじゃないか？　テレビ中継なら、顔がよく写るし」という声はありますが、それでもフォワード第一列は地味な役まわりです。

「ポジション別目立ち度」に大きな開きがありながらも、それを挽回し、プレーヤーとして「完結する」プレーをする環境が整っている。それがラグビーなんです。

このことは、人生そのものじゃないですか。世の中にはいろんな職業があります。人には能力の違いもあります。オールラウンドに活動できる人、花形職業でスポットライトを浴びる人、目立たない地味な仕事で収入も多くない人……。僕のまわりには心身の障害から世間で言うところの「仕事」ができない友人もたくさんいます。でも、一人ひとりにとっての「人生の満足度合い」は、そんな社会的立場だけが尺度じゃない。いろんな立場・境遇ごとに、いろんな価値観がある。人生を完全燃焼できる道がある。それが人生の醍醐味。

　それを若いうちから教えてくれるのが、ラグビーなんですね。だから「少年（少女）を、大人にしてくれるスポーツ」なのです。これをラグビーの魅力と言わずしてなんと言うべきでしょうか。

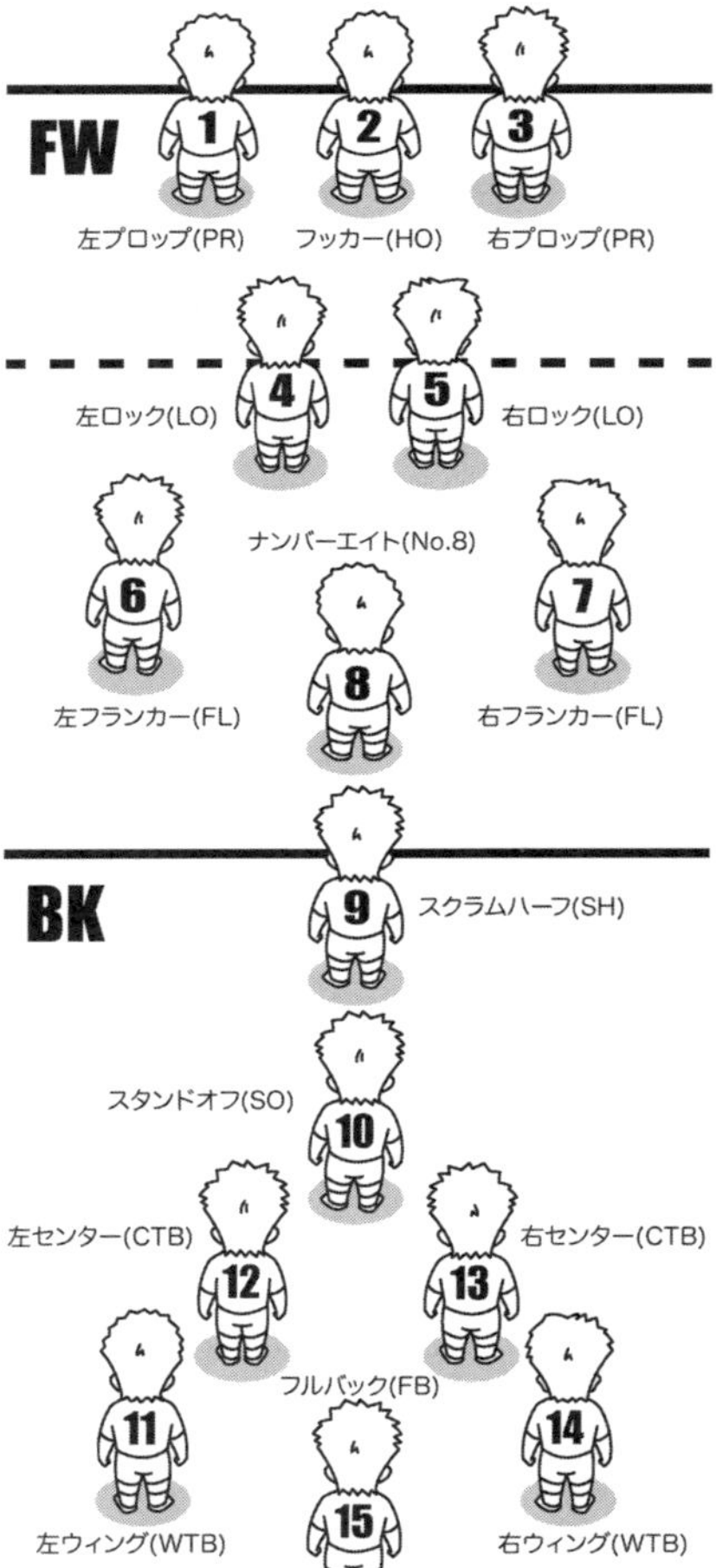

＊注　近年は6、7を左、右ではなく、オープンサイドフランカー、ブラインドサイドフランカー、同じく12、13をインサイドセンター、アウトサイドセンターにするシステムのほうが多くなってきている

そうか、「回転トライ」って日本固有の文化だったのか

そういえば、最近見ないと思っていました。ボールを持ってインゴールに入り、自らころがるようにボールを地面につけ、その勢いのままゴロンと1回転して起き上がる形の「回転トライ」。バレーボールの回転レシーブとか、柔道の経験者なら分かるでしょうが「受け身」の練習でやる、あの回転方法です。

僕らの少年時代も、あの回転トライが主流でしたから、あれは「伝統的イギリススタイル」だと思い込んでいました。

トップスピードで走り込んでも、インゴールの地面にボールをつけなきゃトライになりません。スピードを緩めれば相手につかまります。スピードを殺さずにボールを地面につけるのですから、ゴロンと1回転して起き上がるのは、なんとも無理のない、どこもケガするおそれのない理詰めのスタイルでした。

だって、回転レシーブも、柔道の受け身もそうでしょう。余計なケガをしないための方法ですよね。

そんなふうに「ラグビーは回転トライが基本だ」なんて思っていたら、どうやらこれは間違いだったようです。たしかに「けがをしないため」はそうなんですが、世界のラグビー界の常識じゃなくて、日本固有の文化なのだそうです。日本固有といっても柔道の受け身を受け継いだわけじゃありません。なにが日本固有かというと「固い土のグラウンドでラグビーをする」という悲しい環境のこと。スパイクが沈んで見えなくなるようなフサフサの芝生のグラウンドなど国内にはほとんどなかったかつての日本。ラガーメンは固い土のグラウンドでプレーしたんです。

そんなグラウンドでスライディングのような「滑り込み式」のトライでもしようものなら、手や足をすりむいてばかり。トライの感激を得たことを証明する「勲章だ」と喜んでばかりもいられません。

そこで、日本の若きラガーメンはすり傷の心配のない「回転トライ」を身につけたのでした。

でも近年この回転トライは驚くほど減ってきました。全国高校大会などを見ていても、多くの高校生はボールをかかえてインゴールに走り込み、そのまま前向きに「ヘッドスライディング」のような形か、逆に足から滑る「フットスライディング」のような形でトライします。

ということは、普段のグラウンドでも芝生が飛躍的に整備されてきたということなんですね。

「そうか、回転トライを見なくなったことは、日本のラグビーグラウンド環境が改善されてきたことの証明か」

回転トライは「ラグビー途上国」の象徴だったんですか。


たしかに、僕の高校のグラウンドは、開校10年余ということで、小石混じりの固い土でした。練習の途中で土の表面から石の一部が顔を出しているのを見つけて、練習を中断して土を掘って石を捨てた、そんな状況だったもの。

曲がりなりにも草（芝生だったのかなあ）の上で試合ができたのは、県営ラグビー・サッカー場だけでした。

『青春とはなんだ』のテレビ番組時代から、土の校庭での練習や試合シーンもあったし、それが当たり前なんて思っていましたが……。

そういえば、20年近く前にニュージーランドのウェリントン・オークランド・クライストチャーチなどを訪れたとき、街のあちこちにあるラグビー場が、みんな素晴らしい芝生だったことに「さすが本場だ」と感激したものです。

とはいえ芝生のグラウンドでも、回転トライの流れるような姿は「カッコいい」と思いますよ。ボールを胸にかかえて頭から滑りこむかたちのトライに比べれば。

個人的には、そういうトライよりも、インゴールでボールを片手で持って、走りながらかがみ気味にチョコンとボールを地面につけるトライに憧れていました。「余裕シャクシャク」って雰囲気がカッコいいなあって思って。

海外の強豪が日本にきて日本代表とテストマッチ。するとボールを持って走るウイングあたりが日本のタックルを振り払ってインゴールへ。中央まで廻り込んでスピードをゆるめて、片手でチョコンとトライ。

「あれ、カッコいいなあ。一度やってみたいなあ」

田舎の弱小高校でフォワードだった僕には、必死にインゴールに飛び込んでのトライはあったものの、「一度は、あの余裕いっぱいのトライを」は、結局果たせぬ夢に終わりました。

でも、インゴールで、身体全体を使って1回転する「回転トライ」の姿の美しさと、そのプレーヤーの抑えめの笑顔は、「ラグビーの美学」としての完成度を示しているような気にもなります。永遠に手ばなしてはいけないラグビーの魅力なのです。

「スクラム」は日本語になったのだから

「スクラム」って何語？

ラグビー用語ですから、「scrum」はもちろん英語です。でも、カタカナの「スクラム」になったら、間違いなく日本語でしょう。「肩を組む」「団結する」「力を合わせる」、そんな意味で一般的に使われていることを、いまさら説明するまでもなし。企業では「社員全員が一丸となってスクラムを組み、営業成績を伸ばそう」と社長が叫び、学校では「みんなでがっちりスクラム組んで、文化祭を成功させよう」と生徒会長が呼びかけ、選挙になれば「候補者・支持者がスクラムを組んで、この厳しい戦いを勝ち抜こう」とこぶしを振り上げます。

ここでスクラムという言葉を口にした人の多くは、ラグビーが1チーム15人で戦うことを知りません。ラグビーを見たことないという人も多いはずです。もちろん、スクラムの形だって思い浮かばないはずです。スクラムがラグビー用語だったことを、初めて知ったという人さえ少なくないでしょう。なのに、スクラムは完全に「日本語」なんです。

僕の住む群馬県は、この30年余に4人の首相を出していることで知られています（「だからどうした」という言い方も多いのですが、これは日本の歴史上稀有な例なのですよ）。福田赳夫、中曽根康弘、小渕恵三、福田康夫の4氏です。このうち福田赳夫さん以外の3人がスクラムを組んだことがありました。衆院選が小選挙区制になった1996年のこと。中選挙区制の旧群馬三区に中曽根・小渕・福田の3氏がいたのですが、この3人を新群馬四区、新群馬五区、比例代表に振り分ける協議が難航、また難航。自民党本部裁定によって、四区に福田康夫さん、五区に小渕恵三さん、比例代表に中曽根康弘さんということになりました。これは当時の全国ニュースだったんです。

もつれにもつれた協議で、3陣営の感情的対立も激しくなりました。自民党群馬県連とすれば、それを収拾して、総選挙での勝利を目指さねばなりません。そこで県連サイドが考えたのが「3氏にスクラムを組んでもらう」ことでした。フォワード第一列を思い起こして下さい。真ん中のフッカーの位置に中曽根さん、その左右のプロップの位置に小渕さんと福田さん。この3人が肩を組んだ写真を大きなポスターにして、「郷土のためにスクラムを」と大きな文字で打ち出したのでした。区割りの混乱・対立を水に流して「肩を組んで力を合わせて選挙に勝利しよう」というアピールです。

別に政治の話をしたいわけじゃないんです。何を言いたいかというと、これって世間が「スクラム」という言葉を知らなければ、何のインパクトもないということです。

このポスターを県内全域に貼りまくったのです。群馬は、どちらかと言えば「ラグビー後進県」

でしょう。ラグビーを詳しく知っている人は、200万人口のいったい何%か、心もとないものがあります。そんな状態でも、「スクラム」は社会に根づいていたわけです。

もちろん、スクラムを組んだ大物政治家3人が「フッカー」や「プロップ」などといった用語を知っていたかどうか定かではありませんが……。

最近では東日本大震災で被災した岩手県釜石市の釜石シーウェイブズの復活を支援する「スクラム釜石」の結成が注目を集めました。シーウェイブズの、ひいては「ラグビーの街・釜石」全体の復権を目指したうねりの象徴としての言葉は、スクラム以外にありえませんでした。ここでも、スクラムはラグビー用語にとどまってはいなかったのです。

あるスポーツの用語が、ほかのスポーツを論じる言葉の中で使われる例としては、大相撲の「うっちゃり」もあります。プロ野球の報道は、この言葉が好きですよね。阪神が逆転サヨナラ勝ちすると「阪神が中日をうっちゃる」。でも、このうっちゃりにしても、スクラムほどに社会語にはなっていません。ほかにも「大金星」「ノックアウト」「ホームラン」あたりでしょうか、スポーツ用語が一般的な日本語として定着しているのは。

同じラグビーの「ノーサイド」も、最近よく政治家が使うようになりました。試合終了とかゲームセットじゃなくてノーサイド。「全身全霊をかけて戦った末には、敵も味方もないんだ」という気高いラグビー精神を示す言葉として、これまでも一部では使われていました。

これを総理大臣が党内融和の戦略として使ったりするから、「あなた方が『思いつき』で口にできるほど軽い言葉じゃないんだよ」と腹立たしい気分でもありますが、まあ、ラグビー用語が市民権を得ることにつながるなら、我慢しましょう。

しかし、誰が考えても「スクラム」以上の定着度を持つ言葉はないんです。こんなふうに、スクラムは完全に現代日本語になったのだから、ラグビーそのものも定着する力は備えているはずなんですよ。

回転トライは日本独自の「文化」

特定のポジションを追い続ける観戦法

ボールゲームですから、観戦している人の視線は、当然のごとくボール周辺に集中します。これと違った見方が「実は面白い」っていう面があります。これもラグビーの大きな魅力です。「ラグビーをテレビ中継していて、僕はプロップの動きから目をはなさないようにしています。他のポジションと違ってボールを持って走る機会が少ないから、目立たない。でも、よく見ていれば攻撃でもタックルでも、プロップの『見せ場』が必ずあるんです。『メンバー紹介以外で、試合中に最低1回はプロップの名前を言うこと』を自分に義務づけています。バックスはほおっておいても目立ちます。ボールが渡れば、そこで必ずアナウンサーがそのプレーヤーの名前を口にします。ラインアウトのスローワーはフッカー、キャッチ役はロックだから名前が出る。フランカーやナンバー8はタックルに飛び込んだり、ボールを持って走る機会もけっこうある。でもプロップは……。ですから『最低1回はプロップの名前を』は、ラグビーを中継する者の最低限の責任だと思っています」

スポーツ中継の経験豊富なアナウンサーが、こう言っていたことがありました。

これは分かりやすい言い方です。

そこで、ですよ。たとえばプロップだけの動きを試合中ずっと目で追い続けるのも、面白い観戦方法です。ラックから出たボールをスタンドオフがオープンに大きく蹴る。防御側のバックスラインの後ろにころがるボールを追いかけるのは敵にウイングやフルバック……。そこに防御側のプロップやフッカーがいることがよくあります。

「ええ、どうして?」見る者は首をひねります。でも、これって第一列のプレーヤーの動き方としては「定石通り」でもあるわけです。密集からボールが出ても、そのボール周辺のプレーヤーを目で追わずに、密集から立ち上げって走り始めたプロップやフッカーがどの方向に走るか見ていると、その「定石」が比較的分かりやすいんです。

こうやって第一列の動きばっかりとか、ロックだけ、フランカーやナンバー8だけとか、ボールを持っていないときにスクラムハーフやスタンドオフ、センター、ウイング、フルバックが、いかなる動きをして、いかなるポジショニングを考えているか。次の展開や、次の次の展開を「読んで」、それに備えているかといった点について、試合中ずっと眺めてみるといいんじゃないですか。

ラグビーを始めたばかりの子ども相手の、ポジション別教育の話じゃないんです。観戦するファンの楽しみ方のバリエーションって問題です。

そういうポジション別注目の観点で見ていると、分かります。何が分かるかって？ 全員がまったく休むことなく、それぞれのポジションに課せられた方向に向かって全力で走っていることがです。必ずしもボールに向かって一直線に走るのではなく、一見「あさって」に近い方向を目指しながら、ボールの行方の結果として、実はボールまでの最短距離を走っていることが、よく分かります。レフェリーだけを見るのも面白いと思います。ボールに近い位置にいますから、目で追いかけやすいでしょう。正確にジャッジするため、プレーヤー顔負けの疾走を繰り返す姿は、感動ものです。だってプレーヤーのように20代や30代じゃない人がやってるんですから。40代、50代じゃないですか。これはハードな仕事でしょう。

「この人、日頃はどんなトレーニングしてるんだろう。あの走りって、快速ウイングより速いんじゃないのか」

そんな感動を味わえること請け合いなんです。

これは、テレビ中継では難しいので、スタンドに行かなきゃなりませんが、こういう見方も、ラグビー観戦のバリエーションとして頭に置いておくと楽しいですよ。

1試合ずっと同じポジションを目で追うのは疲れるかも。だから「前半はプロップの動きを見続けよう」「後半はフルバックだけにしようか。いやレフェリーだけを追いかけるのもいいね」といった観戦方法がおすすめ。

こいつはラグビーの「粋な」あるいは「通好みの」楽しみ方ですなあ。

レフェリー、この崇高なる仕事

世の中のスポーツの中で、これだけ「審判」が目立つ競技がほかにあるでしょうか。ラグビーにおけるレフェリーの存在感のすごさには舌を巻きます。

審判という存在が、試合をコントロールする。どのスポーツでもその要素があります。とはいえ、試合の勝敗を分けるほどの影響力を持つ審判というのは、ラグビーが最高峰に位置しているんじゃないですか。

だいたい、ラグビーのレフェリーを見ていると「大変だなあ」と同情します。なにに同情するかといって、「プレーヤー以上に走っている」ってことにです。

ラグビーのレフェリーは、試合中、全力疾走の繰り返し。あの広いグラウンドを。プレーヤー以上ですよ、あの走りっぷりは。うそだと思ったら、一度ラグビーのテレビ放送を録画してじっくり見てみるといいです。グラウンドのどこで攻防が展開されていても、画面には常にレフェリーが映っています。

そうなんです。「ボールを前に投げてはいけない。ボールの前にいる人はプレーしてはいけない」が絶対ルールのラグビーだけに、それに反するプレーの有無を判断するのは、常にボールの真横近くにいなければならないからでしょう。ですから、レフェリーもまた、プレーヤーとは違う意味でボールを追いかけて全力疾走せざるをえないんです。

それにラグビーではボールを争ってすぐに密集になります。ボールが見えなくなります。そんな密集の中でボールがどう扱われているか判断しようっていうんですから、1秒でも早く密集の脇にこなくてはなりません。だから必死に走るんです。

プレーヤーも大変ですが、レフェリーだって大変です。

「この試合をきちんとジャッジできるか?」

そんな思いよりも、

「今日は暑いなあ。この試合を走り切れるか?」

といった不安をかかえるレフェリーだっているでしょう。

野球の審判ならベースの近くに立ってジャッジします。テニスの審判は座っています。同じような面積のフィールドで戦うサッカーの主審にしても、あの広いグラウンドを全力で走っているわけじゃなし。

ラグビーの試合を見ていると、「どうしてここにレフェリーがいるんだ?」と驚くことばかりです。

スクラムから出たボールをラインに回して、センターが敵陣に大きくキック。敵のフルバックともうひとりかふたりが、必死にボールを追いかけ、ころがるボールを拾います。そこへ同じようにボール目がけて走ってきた攻撃側が追いつき、つかまえます。さらに敵味方ひとりずつが加わってもみ合いに。そのすぐ横には必ずレフェリーがいます。敵味方30人のほとんどがボールの地点に集まっていないのに、2、3人のプレーヤーとレフェリーだけはいるんですよ。

「日頃から、プレーヤー顔負けのハードな走り込みを続けているんだろうなあ」

そう感心せずにはいられません。

▼ゲームをコントロールするレフェリー

それだけでもすごいのですが、本当に言いたいのはこれから。

大相撲の行司も、柔道の審判も、ボクシングやプロレスのレフェリーも、戦いをコントロールしているわけじゃないですね。どのスポーツも、プレーヤーの動きを追い、そのプレーがルール上適切かどうかなどを判断する役割ですね。

例外はラグビーでしょう。もちろん試合をつくるのは30人のプレーヤーです。でも、それ以上にゲームコントロールを積極的にしていくのがレフェリーです。プレーにルール違反があれば審判が試合を止めるのが当然のスポーツが多い中で、ラグビーには「アドバンテージルール」があります。

ひとことで言えば「攻撃側にノックオン・スローフォワード・オフサイドなどがあっても、ボールを奪った相手側に優位に展開していきそうならプレーを続ける」ってこと。ラグビーだけではないとはいえ、よくこんなルールを考え出したものだと、僕は感心してしまいます。

プレーヤーには、

「ミスをすると、そこで攻撃が止まってしまうだけじゃない。あっという間に相手に有利に展開して、点をとられてしまうぞ。だからミスをしてはいけないんだよ」

といった具合に、倫理色の濃い戦略的な指導をしていることになります。

そして観衆には、

「いちいち試合の流れが止まっては見ていて面白くない。攻守が一瞬でひっくり返って、面白い展開が続くほうが見ごたえがある」

という面白味を提供していることになるんですから。

このアドバンテージルールにしたがって、ノックオンなどがあってもどこまでプレーを続けるかの権限がレフェリーにあるんです。ですからこの「相手側へのアドバンテージの有無を」判断するため、プレーヤーにプレーを続けさせる時間が10秒くらいから、1〜2分になることも。このあたりの判断がレフェリングの醍醐味とも言えます。

ですから、ノックオンなどの後、そのボールを拾った敵側がパスでつないで、ちょっと前進した地点で密集になり、またボールを出してライン攻撃。またつかまって密集……。こんな展開で、結局最初のノックオンの地点よりさほど前進しないか、かえって下がった位置での密集になって、ようやく笛が吹かれた頃には、僕らは最初のノックオンなど忘れています。

「ええ？　スクラム？　いったいいつのノックオンのことだい？」

スタンドやテレビの前でみんなが首をひねると、ラグビーに詳しいひとりが、

「あれ、4回前の密集で、攻撃側がボールを前にこぼしただろう。あのプレーにさかのぼって防御側のスクラムだよ」

一堂「なるほど」と納得しながら、「そこまで待つかよ。ラグビーのレフェリングは奥が深いね」となるのです。

テレビ放送の録画なんぞを見ながらだと、画面をスローで巻き戻したり、またスローで再生したりしながら、

「たしかに、あの4回前の密集直後の攻撃側のノックオンでボールを奪った敵側が、ボールを回しているんだけど前には進んでいないね。それで『アドバンテージなし』ってことになるわけか」

これは、録画番組の楽しみ方でも高度な部類ですよ。

▼脇役なのに主役

この「試合を続けさせる」決定権がレフェリーひとりにあるということが、ラグビーのすごさ。レフェリーが判断しなければ（アシスタントレフェリー2人を含めて3人ですね）、試合を止める

ことはできないんです。野球みたいに、ベンチの監督とか、ひとりのプレーヤーが「タイム」なんて叫んで試合を止めることができる世界とはまったく違うんです。

ほかにも、テレビ中継を見ていて、レフェリーがプレーヤーに指示する声が聞こえてくるでしょう。

「もっと下がれ」「ボールをはなせ」

関西の試合では、レフェリーの言葉も関西弁が混じります。

「同志社、もっと下がれ。下がらなアカン」

防御側が必死なあまりオフサイドラインを越えて前に出てしまう。このまま相手にタックルにいったらオフサイド。レフェリーはそれを防ぐために「下がれ」と叫ぶ。これは「教育的指導」です。ボールを持って走るプレーヤーが相手につかまり倒れる。すぐにボールをはなさなければいけませんが、「ボールをはなしたくない」はプレーヤーの本能。相手と絡み合って「はなせない」面もあります。このままではノットリリース・ザ・ボールになります。だからレフェリーが叫ぶんです、「はなせ」。これも「教育的指導」にほかなりません。

ルール違反があったから摘発して処罰する「刑事・検事・裁判官」のような存在ではなく、違反が生じる危険があるなら、それを未然に防ぐための策を講じる役割なんですね。

子を育てる親であり、教育する教師であり、警察の防犯課長でもあるわけです。こういう複数の人格をもって身を固めた脇役が、試合の流れをコントロールしているスポーツは、ほかにありません。

ラグビーを「人格のスポーツ」と称することに、「スポーツに大袈裟なことを」と言う人がいます。そんなときには、こんな理詰めの反撃をすると、その人への「教育的指導」になります。

モールやラックといった密集でのプレーをいかに「解釈」するか。それは適法なプレーか否か。これを判断するのもレフェリー。そうなんです。レフェリーは目の前で展開されるプレーの善し悪しをジャッジするだけでなく、「解釈」をも求められているんですね。

肉体的にハードで、精神的にはさらにシビアで……、それでいて、言うまでもなく注目されるのはプレーヤーでありそのプレーですから、「脇役」には違いありません。

でも、主役を超えて「ゲーム全体」をコントロールするという意味では、「主役」と言わなければなりません。なぜなら、そのゲームを熱戦にするのも凡戦にするのも、レフェリーの力量次第なんですから。

脇役なのに間違いなく主役。

僕らが子どもの頃、加山雄三の映画「若大将シリーズ」では、カッコいい若大将の存在感を、青大将の田中邦衛のそれが上回っていたという声があります。1990年代にブレイクした田村正和の「古畑任三郎」でも、西村雅彦の「今泉刑事」の存在がなければ、あそこまでの大ヒット作にはならなかったでしょう。田村正和の主演作品で唯一「脇役が主役の田村を食ってしまった」と評された、あのテレビドラマの名作です。

田中邦衛の青大将抜きに「若大将シリーズ」は成立しなかったでしょうし、西村雅彦の今泉刑事なしには「古畑任三郎」も同様です。もしかしたら、主役が加山雄三や田村正和でなくても、人気作品になったかも。そのくらい脇役の存在感がクローズアップされた作品でした。

ラグビーの場合、その脇役がゲーム全体をコントロールし、したがって勝敗をも左右するのであります。脇役でありながら、一面では主演俳優、さらには作品全体を作り上げる映画監督のような役をも務めるのが、ラグビーのレフェリーなんです。

スタンドでラグビーの試合を見るなら、ボールの行方やプレーヤーの動きよりも、むしろレフェリーの動きだけを目で追う観戦をしてみるのも一興だと思います。僕を信じて、一度やってみなさいって。「確かに面白かった。全力疾走・判定の所作・声……。ラグビーの場合、レフェリーは主役なんだって感じたよ」、間違いなくそんな感想を手にできますから。

「酔いどれ宴会」「家族でピクニック」「お前、眉毛濃いぞ」

言うまでもなく、ラグビーシーズンは秋から翌春。クライマックスは暮れから年明けの大学選手権やトップリーグ最終盤、それに続く日本選手権です。

秋はともかく冬のスタンド観戦は「寒い」のです。

だから、熱い飲み物持参でなくてはなりません。

コーヒー、お茶……、いえいえ、熱～くお燗した日本酒に決まっています。そして肴も用意して、スタンドに陣取って「乾杯」。

家族連れはお母さん手作りの弁当を広げています。これもほほえましい。

秩父宮ラグビー場とか花園ラグビー場のようにすべてイス席が整った大会場はともかく、多くの試合場はメインスタンドがイス席で、バックスタンドは芝生席が定番。宴会狙いも、家族の弁当派もバックスタンドにピクニックシートを敷きます。

花見気分でさらによろしいのです。

ラグビーの聖地「花園ラグビー場」の地元・関西のファンは、観戦の楽しみ方をよく知っています。

純粋にプレーに見入る人もいるけど、やはり「お笑いの本場」というお土地柄、前の晩から寝ないで考えたに違いない「ギャグ」を披露することにも熱心です。

ある年の大学ラグビーでのこと。

テレビ中継でもおなじみの、彫が深くて「濃～い」顔つきのプレーヤーが出場していた試合でした。彼は太くて濃い眉毛が特徴だったんです。彼は日本代表にもなりましたから、名前を出さなくてもラグビーファンにはおなじみですよね。

試合中盤、ボールがタッチラインを割って、ラインアウトになろうってときのことです。ころがったボールを追いかけていた彼がスタンドの目の前まで走ってきて、ボールを拾い上げました。

その瞬間、ひとりのおじさんが叫んだのです。

「こらあ○○（彼の名前）。お前……、眉毛濃いぞ～」

本人に聞こえたかどうかは不明ですが、スタンドは拍手と大爆笑です。

おじさん、このギャグをかましたくて、彼が目の前にくることを祈るような気持ちで待っていたのでしょう。「してやったり」とばかり、満面に笑みを浮かべていました。

別の大学の試合でのことです。

後半、同点の場面で、攻撃側がゴール真ん前のペナルティーゴールを狙います。ボールをセットして、数歩後ずさって静止。さすがにスタンドもシーンと静まり返る。そのまま10秒、15秒。選手はまだ動きません。勝ち越しゴールがかかっているのだから当然です。その表情には緊張感がありあり。

その瞬間、スタンドから太い声が飛びました。

「はよう蹴らんかあ。ぼけえ」

明らかに、プレーの妨害です。

ゴルフでパットの直前にカメラのシャッター音を響かせるより、はるかに影響大でしょう。とはいえ、あまりにも「関西的でグッド」なギャグですから、場内のあちこちで「クスリ」「クスリ」の忍び笑い。これに動揺したか、蹴ったボールはわずかにそれてノーゴール。大事な勝ち越しのチャンスがフイになりました。

懸命に戦うプレーヤーには気の毒ですが、「ラグビーと酒の両方を楽しまなければ損だ」という僕には、「ラグビーとギャグの両方を楽しんで、なんぼやないかい」の価値観はよく分かります。

みんなが自分なりの楽しみ方をポケットに入れてスタンドに集まるのがラグビーなんですね。

僕がラグビーに「人生救われた」5つの理由

田舎の高校でラグビーをかじっただけの僕が、その後もずっとラグビーに執着し続けているのには、理由があります。

「ラグビーに人生を救われた。だから、これからも救われるはずだ」

はっきりと、こう思うからなんですよ。

「こういう幸せな人間を、もっともっと増やしたい」

そんな考えもあります。

▼その1

ノホホンと子ども時代をすごし、なんとなく高校に入った僕は、4月、5月と、さしたる目的もなく自宅と学校の往復を繰り返していました。

「なんか生活変えなきゃなあ」

そこで、大学受験勉強を思い立てばよかったのでしょうが、その方面の気力なし。その代わり、下校時間に学校のグラウンドを眺めると、見慣れぬ楕円球を投げたり蹴ったりしている集団の姿が目に入りました。

「ああ、あれ、ラグビーだな。『青春とはなんだ』とか『でっかい青春』でやってたよなあ。ドラマの中の高校生は、けっこう女の子にもてたりしてたし」

そうです。当時、ラグビー人口はもちろん少ないとはいえ、ある種のステータスがあったんです。

「練習、つらそうだなあ。すごいスポーツをやってるなあ。根性ありそうだし」

僕は直感しました。

「ラグビー部に入れば、女の子にもてるかもしれない。そうだ、きっともてるはずだ。よし、いっちょうやってみるか」

あまりにもヨコシマな動機で、僕のラグビー人生が始まりました。

あの頃は、花園ラグビー場の全国高校大会は今より規模が小さくて、僕が住む群馬県は隣の埼玉県と出場決定戦をしていました。埼玉は熊谷工高の全盛期で、全国レベルの実力でしたから、どうやったって勝てるわけなし。ですから、花園なんて考えもしないという環境でした。

そんな中で、楕円球を追いかける日々をすごしたんです。よくあるスタイルで、1年生でプロップ、2年生からフランカーやナンバー8といったポジションでした。足の速さにも自信があったんですが、メンバーの中では比較的大柄だった僕は、入部の際にすぐ「お前はフォワード」と言われたのでした。

本人はけっこう真面目にやってました。つまらなかった高校生活が、楽しくて仕方がないものに大転換したんです。

これが「ラグビーに人生を救われた理由、その1」です。

▼その2

花園など望むべくもない群馬の高校生の目標は、春の関東大会出場でした。2年生のときに出場できた僕は、主将で臨んだ3年生の春、公式戦直前の練習試合で右肩を脱臼するわ、左手首を骨折するわで、出場不能。「僕が出なかったから負けた」とうぬぼれるつもりはありませんが、結果として敗退しました。

さて、そういう中途半端な欠場となって終わっただけに、ラグビーへの不完全燃焼感をかかえたままなわけです。でも、右肩脱臼は癖になってしまい、とても本気でラグビーをする勇気はありません。

ラグビーに熱中、というか、うつつをぬかしていた僕は、目標を失ったまま、なんとなく都内の大学に進み、なんとなくアパートと大学を往復する日々を送っていました。

そしたら、高校のラグビー部の1年先輩から電話がありました。

「草ラグビーのチームを作ったんだ。お前も一緒にやらないか?」

そうか、草ラグビーなら、右肩もだましだましやれば、いけるかもしれないな。そう感じた僕は、すぐに参加しました。いろんな大学の学生や会社員、ラグビー経験者も未経験者も集まり「寄せ鍋」いやいや「ごった煮」の世界。池袋に近い郊外のグラウンドで練習して、試合して、当然その後は宴会になだれ込んで。この「宴会」が高校時代にはない大きな魅力となりました。高校でラグビーから遠ざかってしまっていたら、味わえない楽しみだったのです。

目標を探しあぐねて日々ダラダラすごしていた僕に、再び「やる気」が出てきました。

ポジションはセンター、ウイング、フルバック。高校時代にフォワードやった者は、やっぱり目立つバックスやってみたいんですよ。

楽しかったなあ。ラグビーやって、朝まで酒飲んで。

これが「ラグビーに人生を救われた理由、その2」です。

▼その3

大学4年になると、就職活動をしなくてはなりません。今のように3年生からの就活ではなく、あの頃は4年生からでした。

学生になってからというもの、青っ臭い論文らしきものを雑誌に投稿して、それが何回か掲載されたりしてうれしかった記憶から、僕は新聞記者を目指していました。

その頃の新聞業界は他の業界のように「会社訪問」とかではなく、一次筆記試験で「ヨーイ、ドン」のシステムだったんです。

そこで、どういう風の吹き回しか毎日新聞の一次試験が合格となりました。その後は二次、三次の面接試験が待っていたのでした。

さて、一次試験は通ったものの、弱りました。学業の成績には自信がないし、世間で問われる大学のブランド力も、僕が通っていた大学ではどうにも……。

そこで考えました。

「面接は新聞社のおじさんたちに縁のない話で煙にまくしかないか」

社内でラグビーを実際にプレーしていた人は少ないだろうし、もうひとつの僕の特技たる「料理」との両面攻撃で、面接を強行突破しよう。王道を行くようなオープン攻撃ではなく、フェイントやサイド攻撃に徹して。固いディフェンスを崩そう。それ以外に考えつきませんでした。受験者の中に早稲田や明治や同志社のラグビー部員がいたら、それはもう「この会社とはご縁がなかった」とあきらめようと……。

この作戦が奏功したのか、ラグビーの話ばっかりしたので「こいつは『使い減り』しないかも」なんて評価されたか、ともかく採用となってしまいました。新聞記者しか目指さず、他の業界など考えもしないという無謀な就活だったのに、どうにか乗り切れてしまったのです。

内定ゲットはこの会社のみ。ここが不合格になっていたら、どうなっていたことやら。「ラグビーのお陰で就職できた」ことは間違いありません。
これが「ラグビーに人生救われた理由、その３」です。

▼その4

さて、新聞記者となって、さすがに草ラグビーでもなくなりました。それでも、毎日新聞が全国高校ラグビー大会の主催者だったことはラッキーで、暮れから正月の花園ラグビー場に取材に行く機会もありました。プレーヤーではないとはいえ、「花園の芝生」を踏む気分は最高でした。野球で言えば、球児が持ち帰る「甲子園の土」にあたるのですからね。

さらには、毎日新聞大阪本社の時代。ここにラグビー部があって、編集局の部員は極端に少なかったのですが、さまざまな部局の「もの好き」が集まっていました。在阪の新聞・放送各社による関西報道リーグなんてものがあって、毎年総当たりのリーグ戦を続けていたんです。

そのメンバーになった僕は30歳になったばかり。まさか30代になってラグビーの試合に出られるとは、夢にも思っていませんでした。そのうえ、ある試合で最高の感激を味わいました。「一生の宝物」と言ってもいいかもしれません。

その頃、大阪毎日ラグビー部は戦力ダウンしていて、監督の話だとリーグ戦で3年ほど勝利から遠ざかっていたそうでした。それが久々に勝利したゲームの決勝トライを決めたのが僕だったんです。

その試合、僕は左ウイングでした。同点で迎えた試合終了間際。敵陣22メートルライン上、中央やや左の位置で、ペナルティーキックを得ました。チームの中では比較的専門家だった僕は「よし、ペナルティーゴールだ。これで勝った」とニンマリ。そしたら、ボールを持っていたスクラムハーフがすぐにタップキックしてスタンドオフにパスしてしまったじゃないですか。スタンドオフの左には僕だけ。でも「ゴールを狙う」と思って気を抜いていた僕は、スタートがやや遅れて、スタンドオフからはちょっと間隔がありました。

そこへフルバックが猛然とライン参加してきたのです。スタンドオフがパスしましたが、これがちょっと山なりの長いパスで、しかもフルバックが小柄な人だったので、ボールが彼の頭上を越えて、僕の手にスッポリ。

結果的には抜群の「飛ばしパス」となったわけです。そんなラッキーボールをかかえた僕の目の前には相手のウイングだけ。その後ろはゴールラインでした。さらにラッキーだったのは、相手は初心者だったらしく、僕が右へステップ切って走ったら、そのまま簡単に突っ切れました。そのままインゴールに飛び込んで勝ち越しトライ。ゴールも決まって、間もなくノーサイドの笛が。

「なんや、『ええとこ取り』しよってからに」

仲間が僕の背中や頭をたたきます。手荒い祝福。でも感激に浸っている僕には痛くもなんともなし。あのトライの瞬間の感激は、今でも僕の心に焼きついています。30代になってラグビーができるだけで幸せなのに、まさか決勝トライを決められるなんて。僕はこの世でも指折りの幸せ者だ……。

ですから、今でも人から「あなたは新聞記者時代は何部（所属部署）だったんですか？」と聞かれたときには、「大阪ラグビー部です」という答え以外にないのです。

これが「ラグビーに人生を救われた理由、その4」です。

▼その5

その数年後、職業観とか人生観といった理由から、僕は30代のなかばで新聞社を辞めました。新たな目標を決めかねていた僕は、住まいさえ決めないまま、ブラリと生まれ故郷の群馬県に帰ってきました。そのついでに高校時代お世話になったラグビー部の先輩のもとを訪ねて、世間話をしているときのことでした。

「俺、空き家を持っているんだ。植木屋さんの店舗用にでも売れると思って買ったんだけど、まだ売れなくてね。しばらくそこに住んだらどうだ。金だって持ってないだろう、お前？」

うわー、なんというありがたい話。

「それにな、俺たち草ラグビーのチーム作ってるんだよ。ほとんどは未経験者だけどね。『レッドジンジャーズ』っていうんだ。『紅ショウガ』だな。お前も、久しぶりに帰ってくるんだったら入ったらいいじゃないか。ラグビーより、酒飲み軍団だがな」

ってことで、当面の住まいが確保できたうえに、またまたラグビーチームに入れることになりました。

そのメンバーとボールを持って、走って、蹴って、酒飲んで……。

試合後に市内のホテル屋上のビアガーデンに大挙して入り、酒と料理をすべてたいらげて、店に悲鳴が上がったり。ラガーメン憧れの「菅平」で合宿したり。バンドを呼んでホテルで「ディナーショー」みたいなパーティー（そんなにカッコいいものとは違ったかな）を開いたり……。

数年後、みんなが40代から50代になったあたりで試合活動はお休みになりましたが、今でも日曜の夜には僕の家（今は、先輩からタダで借りた家ではありませんゾ）に「残党」が集まっては宴会を繰り返し、ラグビー談義で盛り上がっています。

群馬に帰ってきても、「グラウンドを駆け抜ける喜び」と「楽しい仲間」を僕に与えてくれたのが他ならぬラグビーなんですよ。

これが「ラグビーに人生を救われた理由、その5」です。

ほかにも、その理由を数え上げればきりがなし。

僕というひとりの人間についても、ラグビーの神様はこれだけ「救いの手」を差し伸べてくれたんです。日本中、世界中でどれほどたくさんの神仏が、人を救っていることでしょうか。自分の歩みを振り返っただけでも、そう考えずにはいられないのです。

だから確信しているのです。

「ラグビーは人生を救う」

Ⅲ 名勝負をもう一度 ラグビー逆襲へのアイドリング

あの日のスタンドにタイムスリップ

ファンは名勝負に酔いしれます。ボールゲームでも格闘技でも。

もちろんラグビーにも、そんな数々の名勝負がありました。

子どもの頃からラグビー観戦にこだわってきたうえ、テレビアナウンサーとして国内外でのラグビー中継の実況経験豊富な四家秀治さんと、「ラグビー観戦を心ゆくまで楽しみたい」という思いは人に負けないと自負する僕。そんな50代の「おじさんラグビー狂」ふたりが語り合う「名勝負列伝」。

ああ、あの日のスタンドに、もう一度帰りたい。

みなさんも、記憶にある試合がたくさんあるのではないでしょうか。そんな「感激のシーン」を思い起こす作業は、言うまでもなくラグビーの逆襲へ向けて心の準備を整える「アイドリング」になるのです。

【日本代表編】

▼スコットランドを撃破

四家

「そのニュースは世界に打電された」と言われる**1989年、秩父宮で日本代表がスコットランドを28―24で破った**以上の試合はないと思います。

知将、宿沢広朗監督の下、プレーヤーとして最もアブラの乗っていた平尾誠二主将。若い堀越正巳―青木忍のハーフ団とウイングの吉田義人。林敏之、大八木淳史も一番元気だったし、タックル力を買われて起用された梶原宏之、中島修二の両フランカーなど、もてる力を結集した日本代表の戦いぶりは、現時点におけるやはりナンバー1の名勝負だと思います。

金星という点では、**1968年のオールブラックスジュニアを敵地ウェリントンで23―19と破っ**

た試合も光りますし、個人的にはこの試合の勝利のほうが価値は高いと思いますが、いかんせん、ラグビーの世間での認知度が、今とは違う意味で低いので、89年のスコットランド戦に軍配を挙げたいと思います。

木部　この試合は80分間ハラハラドキドキしっぱなしでした。なんたってスコットランドですよ。あの頃の五カ国対抗戦勢（イングランド・スコットランド・ウエールズ・アイルランド・フランス）のチームとか、ニュージーランド、オーストラリアといった南半球勢に勝てるなんて思っていなかったじゃないですか。

試合中、リードしていても「最後にはひっくり返されるだろうな」「おかしい、まだ日本が勝ってる……」と、胸が高鳴りながらも、それを抑えようとする自分がいました。それまで勝利を期待しては裏切られてきたファンからすれば、自己保身のための感情抑制なんですね。

だから、ノーサイドの瞬間の興奮といったら……。「これで日本ラグビーも世界の一流になれる。これまで強豪国の大男たちに蹴散らされてきた屈辱の歴史は、今日をもってサヨナラだ」。そんな感激ですね。

▼イングランド、ウエールズに惜敗

四家

1971年の「日本代表3―6イングランド」（秩父宮）と、**1983年の「日本代表24―29ウエールズ」**（カーディフ）の2試合も日本代表が敗れたとはいえ、高い評価なのは言うまでもありません。

イングランド戦は、「ラグビーの母国」から初来日ということで、秩父宮ラグビー場のタッチラインの外5ｍぐらいまで観客を入れるほどの大変な盛り上がりの中で行なわれた試合での双方ノートライの激闘だったこと。

ウエールズ戦は、敵地カーディフのアームズパークで、華麗なオープンラグビーを展開し、ギリギリまでウエールズを追い詰めたこと。松尾雄治の全盛期だった頃です。10年後にはウエールズ協会がフルインビテーションで日本代表を呼んでいます。それは、この試合での日本代表の戦いぶりを高く評価したからに他なりません。ウエールズ協会が日本代表の遠征費用をどこまで負担したかまではわかりませんが、文字どおりウエールズ協会の完全招待という形でした。ウエールズは日本に敬意を表し、テストマッチではセカンドジャージのグリーンのジャージを着用しました。しかし、結果は55―5でウエールズの圧勝、日本代表の戦いぶりはウエールズ協会を失望させ、ウエールズ人をがっかりさせるというオチがついてしまいましたが……。

木部

たしかに日本のラグビー史に刻まれる試合なんですね。ただ、僕らのようなファンは、逆にあれだけ健闘したのだから「やっぱり勝ってほしかった」という落胆が強い試合でもあるんです。

スポーツ、とりわけ格闘技の世界では「善戦マン」という言葉がはやりました。あれはバラエティー番組の人気者「電線マン」からきた感じもありますが、プロレスのジャンボ鶴田の若い頃とかね。世界の強豪に善戦するんだけど勝てない。互角の戦いを演じること自体、すごい実力なんですけど、ファンってのは欲張りだから、「あそこまで敵を追い詰めたんだから、善戦ではなく白星を」ってなってしまいます。

70年代、80年代、「善戦マン」から「真の実力者」への脱却へ期待が盛り上がった時期だったんです。その象徴が、この2試合でしょうね。

▼ワールドカップの天国と地獄

四家

ワールドカップでは、日本唯一の勝利である91年のジンバブエ戦。とにかく連敗続きだったのをひとまず止めた**2007年のカナダ戦の12—12**などが、名勝負なのだと思います。でも、この2試合は相手がラグビー一流国でないこともありますが、いい試合だったことは認めるにしても、前述の4試合とは比べるべくもないという気がします。2011年のワールドカップで、この2試合を超えるゲームがあるといいのですが。

木部　世界大会が始まってしまったからには「とにかく、予選リーグで1勝しなければ」でしたからね、見ているファンとしても。強豪国ではないジンバブエといえども、その白星には「これで日本もワールドカップ出場の資格ありだね」なんてホッとしました。ただ、その4年後のニュージーランド戦の悪夢（95年145―17でニュージーランドに大敗）で、その安堵感も吹っ飛んでしまうのですが。

【日本選手権編】

▼早稲田の壮挙と、三洋電機の悲劇

四家
現行の制度になってからの名勝負は、2006年の2回戦、早稲田28―24トヨタが挙げられると思います。

木部
渋いところからいきますね。

四家

強気の清宮克幸監督率いる早稲田が、近年、大学勢が歯がたたなかったトップリーグの、それも優勝を狙うレベルにあるトヨタを撃破したこの試合を名勝負と呼ばずしてなんと呼びましょう。

決勝では、三洋の悲願の初優勝が決まった**2008年の「三洋40―18サントリー」**ではないでしょうか。

このシーズンは三洋がトップリーグレギュラーシーズンで1位となりながら、プレーオフ決勝でサントリーに敗れ「また三洋は準優勝か」と万年2位がチーム内に染みついてしまったかのように言われていたのを遂に払しょくしたという点で、点差は開きましたが、近年の名勝負といえるでしょう。しかし、この2試合とも、ラグビー人気が低落傾向のなかでの出来事なので、「狭い世界」での名勝負、でしょうか？

木部　伝統の「トーナメント形式の社会人優勝→同じくトーナメント形式の学生王者と日本選手権→勝って日本一」という、「最後まで勝ち続けて終わる真のチャンピオン」という図式が崩れて、この頃になると「トップリーグレギュラーシーズン1位と、プレーオフ優勝と、日本選手権優勝では、どのチームが日本一なんだ？」とファンが首をひねったというか、興ざめしたもんです。
その意味では、2002～2003年シーズンのNECみたいに「東日本社会人リーグ7位」から「全国社会人大会4強」と日本選手権出場のギリギリラインを経て、日本選手権で優勝。「ミラクル7は立派だけど、これってホントに日本一かい？」って展開は、その象徴と言えます。

▼国立競技場が満杯

四家　社会人と学生のレベルが拮抗して1月15日の風物詩だった頃のほうが、断然、名勝負と呼べるものが多いと思います。

国立競技場が初めて6万人の大観衆で埋まった**1975年**（第12回）の**「近鉄33―13早稲田」**が、世間的人気に彩られた最初の日本選手権だったと思います。もちろん、それ以前にも、早稲田が2年連続で日本一になった1971、1972年なども盛り上がりましたが、まだ、世間の認知度が高くありません。

この第12回大会は、日本が生んだ稀代の名ウイング坂田好弘（近鉄）の引退試合でもありました。近鉄フォワードには後のプロレスラー阿修羅原こと原進、小笠原博などパワー満点の選手がいました。対する早稲田には「アニマル」と呼ばれたなウイング藤原優、日本で最初にインステップキックをゴールキックの際に取り入れたフルバックの植山信幸、タックルマン石塚武生、名センター南川洋一郎などスター選手がそろっていて、まさにミーハー人気をあおりました。早稲田が後半半ば頃までは互角に戦いましたが、突きはなされ、最後は坂田が引退の花道を飾るトライを決めたことも印象に残ります。

木部

そうか、あのインステップキックの植山ね。僕は高校生でしたから、誰もがあのキックの練習をしましたよ。坂田は僕らにとってはすでに「伝説の人」でしたね。原もいましたか。すでにラグビーの超有名人でしたが、僕は阿修羅原になってからの印象のほうがもっと濃いんです。「リングネームの阿修羅を漢字にすると『阿修羅原』って四文字熟語みたいになるから『アシュラ原』のほうがすっきりしないか」なんて言いながら。

▼新日鉄釜石の7連覇

四家

新日鉄釜石の7連覇も、最終的に競ったスコアは少ないものの、当時の学生チャンピオンが、真っ向から勝負を挑み、点差とは別に、見ごたえのある試合が多かったように思います。名勝負をひとつ上げるとすれば、それはやはり7連覇がかかった1985年の第22回大会の「**釜石31―17同志社**」でしょう。

釜石松尾引退試合。同志社平尾学生最後の年。舞台装置はでき上がっていました。同志社が軽快なテンポで先制トライを奪い、前半は同志社ペース。ハーフタイム直前に釜石が1点差まで追い上げハーフタイム。後半に入ると、釜石が逆転、同志社も大八木のトライなどで食らいつきますが、最後は、松尾が華麗なサインプレーを決め、千田がトライ、そしてノーサイドという、まるで筋書きでもあるかのような試合展開でした。

木部　試合に勝って、メンバーが足をひきずる松尾を胴上げ。試合よりあの光景にジーンときました。

▼神戸製鋼7連覇の味わい方

四家　神戸製鋼7連覇は、釜石のそれとはまるで味わいが違いますが、「社会人と学生のレベルが開きすぎて、もはや日本選手権としては意味がない」ことを1年ごとに証明していったという点で価値があったといえるかもしれません。そういう意味ではこれまた7連覇最後の年、**1994年**の第32回大会「**神戸製鋼102—14大東大**」が、最も語り継ぐにふさわしい試合だと思います。

木部　僕は国立競技場のスタンドに行く前に上野のアメ横で宴会になってしまい、キックオフに10分以上遅刻。そしたら神戸製鋼がすでに2トライか3トライ。その後も神戸のトライシーンばかりなので、酒を飲んだ記憶はありますが、試合のほうは……。「今の形の日本選手権は無理だよなあ」。競技場を出るとき、みんなが口をそろえたものです。この翌年がワールドカップでのニュージーランド戦大敗でした。2年続けてのワンサイドゲームが、日本のラグビー人気に影を落とさなければいいがと心配になった時代でした。

▼明治、慶応、そして早稲田の健闘

四家
学生が勝った試合も忘れてはいけません。
松尾、笹田学が明治の最終学年だった**1971年**の第13回大会は、試合前から「学生優位か」とさえささやかれたほど**明治**の戦力は充実しており、社会人チャンピオンの**三菱自工京都を37―12**で撃破。「タテ」だけではない縦横無尽な明治のラグビーが炸裂した試合でした。

木部
社会人と学生の対決で「どちらが勝つか分からない」時代は、見ていて楽しかったですよ、ホント。前日からワクワクしてましたもの。

四家
釜石7連覇の翌年、**1986年**の第32回大会、学生チャンピオンの**慶応**は、当時、**トヨタ自動車**

の社員だった上田昭夫氏が監督を務めており、日本選手権の相手がトヨタ自動車だったため、日本選手権の日だけ会社に休職届けを提出するという話題で盛り上がり、堂々**18―13で破って**、慶応初、学生としては10年ぶりのラグビー日本一になりました。

木部
そうなんです。社会人が勝ち続け、「日本選手権の意味があるのか」という声も上がってきたし、判官びいきから「学生がんばれ」の世論もありました。そこへ早稲田でも明治でもない、「慶応ボーイ」が優勝したのは印象的でした。

四家
また、**1988年**の第34回大会は、木本建治監督、永田隆憲主将の下、堀越、今泉清、藤掛三男といったスター性抜群の1年生トリオに清宮の活躍などもあり、**早稲田**が、初の社会人チャンピオンになった**東芝府中を22―16で下し**、学生として最後の日本一に輝きました。このあたりが、名勝負として語っていいのではないでしょうか。やはり、この時代は記憶に残るゲームが多いですね。ただし、本来学生日本一といっても、経験に勝る社会人チャンピオンと対等に戦えてはいけないはずで、それだけよくいえばアマチュアらしい、悪く言えば遅れていた、といえるでしょう。

【大学編】

▼早法時代から早明時代へ

四家

いわゆる早法時代（大学選手権の第1回～第4回）は、一般的にはほとんど知られていません。大学選手権が始まった頃、大学ラグビー界は、対戦方法が毎年のように変わり、遂には対抗戦、リーグ戦に分裂した頃が早法時代です。また、この時期は明治が低迷期で、早稲田に手も足も出ませんでした。

リーグ戦の雄となった法政の弱体化とともにリーグ戦全体がマイナー化し、**早稲田**時代が到来。その頂点が、日本選手権編で述べた**71、72年の日本選手権2連覇**です。当時も早稲田ブランドはあったわけで、「ラグビー＝ワセダ」のような図式はラグビー人気の盛り上げにはなったと記憶しています。しかし、やはり、ライバルは必要で、明治もこの71〜72年シーズンの対抗戦で、早稲田に6―4で惜敗、ようやく盛り上げの一翼を担うまでに力をつけてきました。その翌年、松尾の明治入学により、強い**明治**が復活、**73年**の大学選手権決勝で遂に**13―12と早稲田を下し**、初の大学日本一になります。テレビでの観戦でしたが国立競技場の盛り上がりはものすごかったのを覚えています。

スクラムハーフとして日本代表にも選ばれている宿沢広朗（後の日本代表監督）が早稲田4年、松尾雄治が1年。松尾は当時スクラムハーフであり、このラグビー界の2人の「小柄な巨人」が1シーズンだけ学生ラグビーのスターとして戦ったこの年、ラグビーが一気に認知度を高め、ファンを増やしたと言えるでしょう。

ここから、5年連続して大学選手権の決勝は早明戦で、スター選手も毎年現われ、早稲田人気↓早明戦人気は不動のものになっていくわけです。

私個人はこの1973年を除いて早明戦にはそれほどの思い入れはありませんが、多くのラグビーファンにはこの頃から、砂村光信、本城和彦が活躍した頃までの早明戦はすべてが名勝負のようです。

木部
早法時代や早明時代など、やはり「強豪同士の激突」「雌雄を決する」といった展開がなければ、盛り上がりません。日本人は昔からこういうストーリーに弱いでしょう。大相撲の「谷風に小野川」（古すぎますか?）「栃錦に若乃花」「大鵬に柏戸」「輪島に北の湖」「貴乃花に曙や武蔵丸」ね。ホームランをガンガン打つ巨人の王から三振を奪う阪神の江夏とか。巨人の星飛雄馬の魔球を命がけで打ち砕く阪神の花形満といった「ライバル」がいないといけないんです。

その意味で、早稲田と明治の激突時代は、いやでもヒートアップしました。

▼同志社黄金の日々

四家

さて、慶応、日体大がときどき台頭して彩りを加えた大学ラグビーですが、1980年代、関西の雄、同志社が黄金期を迎えます。同志社の強さは理論的にはいろいろとあると思いますが、簡単にいえば平尾のスマートさと大八木の獰猛さの同居でしょう（林敏之は、1981年、初優勝時のメンバーですが、83～85年の3連覇のときは卒業しています）。そして、すでに、すべてが関東、東京中心の時代に社会人は東北の小さな町の（大企業がバックについているとはいえ）寡黙なチームが、学生は関西の個性あふれるチームが東京で日本一を争ったことに爽快感を覚えた非東京人は少なくなかっただろうと思います。つまり、東京的でないファンが喜んだ時代なんだろうと思います。

木部　その通り。政治も経済も、なんでもかんでも東京一極集中の社会を作ってきたとはいえ、東京以外の国民にはそのことへの反発があったということです。だから、松尾・森以外のほとんどが地元の人だった新日鉄釜石の活躍は、胸のすく思いだったはずです。それに、勝利インタビューで、標準語ではなく関西弁が出る同志社の姿ね。

四家　この時期の名勝負は、やはり、同志社の3連覇がかかった**1985年**の第21回大会「**同志社10―6慶応**」でしょう。「スローフォワード疑惑」と今でも語り継がれる試合です。リードされていた慶応が、後半フォワードで圧倒、36分、同志社ゴール前に攻め込み、マイボールスクラムからラストパスが決まり、そのままゴールポスト直下にトライと思われたのですが、このパスがスローフォワードと判定され、トライが認められなかったのです。この微妙な判定が「スローフォワード疑惑」と呼ばれています。一方、リードしながらもフォワードでは押されっぱなしの同志社は、このプレーの直前のスクラムでフロントローを組み換え、一瞬押し返し、ボール出しのタイミングがずれ、慶応バックスのアタックラインの出足が早くなりすぎたという要素もこのプレーの背景にはあるようです。それも同志社2年生のフッカー森川が4年生の右プロップ馬場に「俺と代われ」と言ったそうな。「学生達の自由な発想」を大切にする同志社の底力が土壇場で発揮された3連覇を象徴するシーンという見方もできると思います。

翌86年の慶応12―12明治の同点優勝も、氷雨の決戦として語り継がれる名勝負。日本選手権編でも述べた慶応上田監督は、抽選で日本選手権出場を決めたということで、「明治の分も」という気持ちのトヨタへの休職届だったと思います。

この時期の大学は名勝負ばかりです。

▼大東大の奔放な魅力

木部　伝統校への反発という意味で、そろそろ名前を出さなくてはならない大学がありますね。

四家　そうです。その翌年の1987年は、**大東大**が決勝で**早稲田を12―10で下し**、初優勝しました。大東大には、ラトウ、ナモアがいて、スタンドオフには前年、大東大一で高校日本一を経験した1年生の青木がいました。

木部　新興勢力の自由さにトンガの奔放な個人技が加わった大東大のプレーは面白かったじゃないです

か。あまりにも整った早稲田の「ゆさぶり攻撃」、愚直に「前へ」と進む明治。そんな教科書のようなプレーに満足しきれなくなった僕たちには、大東の「好き放題」に見えるプレーは魅力でした。

四家

1988年は、3年ぶりの優勝を目指す同志社と早稲田が死闘。最後は**19―12で早稲田が同志社を振り切り**、その勢いのまま日本一まで登りつめます。

3年後の**1991年**は、久々の**早明決戦**、早稲田堀越、明治吉田が4年生で対決ということ、そして、この年度は、暮れの**対抗戦での早明戦が引き分け**だったこともあり、大変な盛り上がりでした。試合は、もはや伝説になりつつある吉田の3人抜きトライで決着。**16―13で明治**が勝利しました。

木部

対抗戦の早明引き分けって、ノーサイド直前に早稲田が立て続けに2トライして追いついた、あの有名な試合でしょう? たしかに素晴らしい試合で、僕も興奮しっぱなしでした。でも、あの頃、僕は新聞社にいて、運動面の大見出しに「早稲田、奇跡の同点劇」なんてあったから、担当者に「大袈裟な」とクレームつけたら「君は感動せえへんのか?」と冷たい目で見られました。ラグビー経験者からすると「試合終盤の1トライの直後のキックオフから再びノーホイッスルに近い感じでトライすること」は、鮮やかではあっても、奇跡と言うには気恥かしい。あれは「奇跡のような確率で起きたこと」ではなく、「ラグビーをほとんど見たことがない記者にとって、生まれて初めて見た劇的なシーンだから奇跡に思えた」ということ。「すべからくオーバーに表現すべし」式のスポーツ報道には、最後までなじめなかったなあ……。繰り返しますが、せっかくの「劇的なシーン」だっただけに、それを正確に味わいたかったってことですよ。

ですから、その後も、スポーツ報道の「奇跡の……」という言い方のたびに腹が立ちます。ちょっとひねくれてますかね。

四家　その2年後**93年**は、**法政が30—27で早稲田を破って**1968年以来久々の優勝。「早法時代」の法政の優勝メンバーが、顔をクシャクシャにして喜んでいたのを覚えています。ちなみにこのとき1年生で出場していた苑田右二は、現在神戸製鋼のヘッドコーチですが、3年生だった伊藤剛臣は、今も神戸製鋼の現役です。

翌**1994年**は、決勝よりも、準決勝の**明治27—17同志社**のほうが名勝負として語り継がれるべきかもしれません。ちなみに決勝は明治41—12法政。

明治が前年準決勝で敗れた法政に雪辱を果たしての優勝で、元木由記雄が主将でした。

木部　そういう名前を聞いていると感じるんですが、その頃のプレーヤーの名前はよく覚えているんですよ。それが今じゃあ……。これも、ラグビー人気の低迷の影響でしょうか。

▼関東学院、帝京、東海、新しい風

四家　同志社3連覇以降も、大学決勝は、世間一般的にも十分な盛り上がりを見せていたように思いますが、それはこの94年ぐらいまでかなという気がします。すでに社会人は神戸製鋼が黄金期に入っており、日本選手権が形骸化してきたこととも無縁ではないでしょう。

4年後には関東学院が初優勝、さらにその2年後の2000年には慶応が創部100年を優勝で飾るというドラマチックな復活劇を果たしましたが、すでに大学ラグビー人気はマイナー化しており、その翌年からは完全な早稲田、関東学院の2強時代で、ラグビーの質もつまらなくなるばかり。2010年、2011年と帝京が2連覇し、また、リーグ戦では東海が台頭し、新しい風を吹かせてはいるものの、名勝負はほとんどないと断言できそうです。

【社会人編】

▼釜石の魅力は

四家

黎明期は、八幡製鉄と近鉄抜きには語れませんが、一般的には、近鉄黄金期の最晩年、1975年の日本選手権優勝がかろうじてネタになるかな?という程度でしょう。社会人ラグビーが、大学と同程度に語られるようになるのは、新日鉄釜石の台頭以前にはなかったといえるかもしれません。

釜石の魅力は、まだまだ製鉄が産業としての力を持っていたとはいえ、東北新幹線もない時代、岩手の、それも人口10万人にも満たない市から7年も連続して日本一のチームが生まれたということに尽きるでしょう。

木部

そうなんですよ。僕は釜石市が岩手県のどのあたりにあるか、分かっていませんでした。正直なところ、釜石の名前はラグビーでしか知らなかった。そのチームが毎年優勝するんだから、「いったいどんな練習してるんだろう」って関心が湧いてきたのは、4連覇あたりからでしょうか。

四家

個性が強くリーダーシップがある森重隆、松尾雄治という、もともと釜石どころか東北にも縁もゆかりもない2人が、東北の高校出ばかりの選手とともに作り上げたチームだったから全国区の人気も得たのだと思います。

一般的には、森、松尾だと思いますが、社会人大会でいえば、名勝負は、やはり7連覇がかかった**1985年の準決勝と決勝**ではないでしょうか。

すでに森は引退し、松尾もこの年限りで引退と言われていました。

準決勝は、前年、決勝で釜石に敗れた東芝府中が、猛烈な闘志で釜石を追い詰め、後半途中まで19—10とリードするのですが、そこから、釜石は3本のペナルティーゴールを金野年明が決め、19—19と追いついてノーサイド。抽選で決勝に進出を決めます。そして、初めて決勝に進出してきた神戸製鋼との決勝で、今も語り継がれる、自陣ゴール前からの13人繋ぎの美しいトライを決めるのです。スコアは22―0で完勝。日本選手権も制して松尾は引退。釜石時代も終焉となるわけです。

木部

日本人って、「両雄の激突」も好きですが、「連勝」ってもっと好きですよね。あの時代の前にも、大相撲の双葉山の69連勝、大鵬の45連勝（その後、千代の富士や白鵬の記録も生まれます）、野球では巨人の9連覇ね。強い者を打ち負かしてほしいと願う一方で、不滅の連勝・連覇を期待する。あの準決勝、決勝だって、大半のファンは「釜石の7連覇」を期待している雰囲気があったでしょう。そこで、準決勝の「抽選勝ち」ですもの。故障をかかえて引退直前の松尾の大活躍といい、ラグビーの神様は「稀代の演出家だった」としか考えようがないです。

▼神戸製鋼、盤石の布陣

四家

次に語られるべきは、やはり、神戸製鋼時代でしょう。大学出の好選手が次々に入社し、力をつけながらもなかなか頂点にたどりつけなかった神戸製鋼は、釜石7連覇から4年後の**1989年**、決勝で**23―9と東芝府中を破り**、ようやく社会人王者になります。

林、大八木、平尾、そこにウィリアムスが加わり、後に、堀越、富岡剛至など、華も実力もある選手が続々入社、7連覇の最後の年には元木、伊藤剛臣、増保輝則、吉田明らが入って、神戸製鋼の試合はいつも超満員でした。

木部

神戸製鋼の偉業にけちをつけるつもりはないですが、あれだけ人材が集まると、見ている僕らとしては面白くなかったですよ。他チームの有力プレーヤーをことごとく「買いあさる」野球の巨人みたいで。9連覇の頃も、王に長島に、守備は黒江に土井、高田に柴田にキャッチャーは森。投手は堀内に城之内、高橋一三。金田まで取ってくる。「あれだけ揃えれば、そりゃあ9連覇できるさ」って感じです。その後も有名監督の「そこの彼がほしい、あっちの彼もほしい」の繰り返し……。チーム単独で日本代表チームが組めるじゃないかって意味では、巨人にも神戸製鋼にも同質の不満がありました。

同じ7連覇の釜石は、松尾・森以外は地元のプレーヤーでしたから、野球で言うと広島みたいでしょう。地道に若手を鍛えて、黄金時代を築いていってと。世間も好感をもって迎えたじゃないですか。でもなあ……、神戸製鋼の布陣を見ていると、どうしても巨人を連想してしまうんですよ。

▼三洋電機、東芝、サントリー

四家

神戸製鋼の名勝負は、なんといっても3連覇がかかった**1991年決勝の三洋電機戦**ですが、5

連覇をかけた1993年の決勝、東芝府中戦も、20―19の大接戦で、内容的には三洋戦以上の名勝負だったと確信しています。東芝府中には、全盛期の村田亙、梶原宏之、薫田真広というバリバリの日本代表がおり、試合は、常にリードする神戸製鋼を東芝府中が追い上げるというスリリングな展開。堀越―村田のスクラムハーフ日本代表対決も見ごたえがあり、濃密な80分でした。

神戸製鋼の連覇が7でストップした96年はサントリーと三洋電機が27―27で同点優勝。この試合は、三洋が終始リードしながらノーサイド寸前に同点に追いつかれるという展開で、記録上は両チーム優勝ながら、トライ数で上回るサントリーが日本選手権に出場することになり、1991年の神戸製鋼に逆転負けした試合とイメージが重なり、三洋の「万年2位」から抜け出せないイメージを色濃くした名勝負と言えるかもしれません。

木部　そうなんですよ。三洋電機のチームは僕が住む群馬県大泉町にあります。群馬県じゃ「三洋の悲劇」という言葉どころか、「三洋の呪い」という言い方さえあります。まあ、そのくらいみんなが真剣に声援を送っていたということですが。神戸製鋼にひっくり返された、あの「伝説のウィリアムスのトライ」直後の、三洋宮地克実監督の絶望顔は、今でも浮かんできます。

四家
とにかく、三洋電機（現パナソニックワイルドナイツ）、東芝府中（現東芝ブレイブ・ルーパス）というのは、長い間、主役になれなかった社会人の強豪という共通点を感じますが、神戸製鋼に陰りが見え始めた90年代後半以降は、東芝府中が、実力的には常に社会人の中心であり、その流れはトップリーグが始まった２００３年以降も続いています。三洋も２００８年の日本選手権初優勝の頃からチームは充実期を迎え、**ここ数年の東芝─三洋**は、トップリーグ垂涎のカード。これは、社会人の歴史を振り返ると不思議な因縁という気がします。
ただし、申し上げるまでもありませんが、近年の社会人（トップリーグ）は、先頃引退を表明した大畑大介（神戸製鋼）の存在以外、残念ながら、語るべきものがあまりありません。

木部
せつないことですが、それは同感です。

【高校編】

▼東福岡と桐蔭学園の完成度

高校の決勝は、近年、名勝負と呼べるものが多いですが、**2010〜2011年の第90回大会**も2連覇を狙う完成度の高いラグビーをする**東福岡**と、小倉、竹中、松島ら決定力のあるバックスを擁する**桐蔭学園**の対決で、単に接戦だったということだけではなく、内容もおそらく史上最高レベルだったと思われます。

試合は盤石かと思われていた東福岡のディフェンスラインを桐蔭学園が見事なアタックで次々に突破し、24—10で前半を終了。後半も開始早々、1トライ1ゴールを追加し、31—10としたのですが、そこから東福岡が、全くあわてず反撃、着々と点差を詰め、ノーサイド直前にトライ、ゴールを決めて**31—31**に追いつき、両校優勝となったわけです。

桐蔭学園に前述した3人のスター候補生がいれば、東福岡にも近い将来日本代表の中心選手のひとりになるであろう布巻がいて、タレント的にも見ごたえ十分でした。
テレビドラマ『スクール☆ウォーズ』の題材になったちょうど30年前**1980年**の第60回大会の決勝、平尾のいる**伏見工**がノーサイド直前の決勝トライで**7―3**と**大阪工大高**を下して初優勝を遂げた試合にも匹敵する、あるいはそれ以上だったと確信するのですが……。

木部
そうか、『スクール☆ウォーズ』なんて、ずいぶん前になりましたね。その頃までは、青春ドラマでやたらと「高校ラグビーもの」があったんですよね。『青春とはなんだ』を皮切りに。あれを最後に目立ったラグビーものはないですね。それが寂しいところです。これもラグビー人気の低迷の象徴でしょうか。

四家
平尾の頃に比べて今の世間の認知度は比べ物にならないぐらい低いと思います。
小倉、竹中、松島、布巻、と言ったって、顔はもちろん、プレーをイメージできる人もほとんどいないでしょう。多少の通なら、南アフリカ人と日本人とのハーフで高校卒業と同時に南アフリカへラグビー留学に旅立った松島は思い出す人がいるかもしれませんが……。

このあたりは、斎藤佑樹、田中将大が高校生の頃から顔も名前も日本人の大半が知っている野球とは天と地ほどの開きを感じます。

住友グループが、ラグビー人気の長期低落傾向には抗しがたく、ちょうど10年前、高校ラグビー中継から撤退したことも大きく影響している気がします。

前述の平尾、そして、本城、堀越のような高校時代からすでにスターだった選手たちは「中継あってこそ」だったのだと思います。

▼忘れ得ぬ幻の名勝負

木部

両校優勝といえば、名勝負からは脱線しますが、僕にはあまりにも悲しくて忘れられない両校優勝があります。**1989年1月7日**に予定された**大阪工大高と茗渓学園の決勝戦が中止**となり両校優勝となったことです。

言うまでもなく昭和天皇逝去の日です。

僕はその日毎日新聞の大阪本社で運動面編集担当でした。高校ラグビーのOBとして、「日本一を決める試合ができないフィフティーンの無念さを思うとやるせなくて……。思わず運動面に「試合やらせたかった」という見出しをつけずにはいられませんでした。

そりゃあ、自分の親が他界すれば、仕事を休んで駆けつけます。それは当然。だから高校ラグビーにしても、その日の決勝戦中止は仕方がないかもしれません。だったら、3日後とか次の日曜日とかでいいから試合をさせる余地はなかったでしょうか。「学校が始まる」などという議論は置いといてね。

その頃の日本全体が「自粛の大波」に覆われていましたが、僕は納得できませんでした。第一、国民を愛し、スポーツを愛した昭和天皇が「決勝戦中止」を聞いたら悲しまないか。今でも残念でなりません。そんな理由から、名勝負列伝ではありませんが、この年に「幻の名勝負」があるはずだったことはラグビー史として記憶にとどめておきたいことですよ。

番外編【世界編―ワールドカップ】

四家

ここでは、1995年の第3回大会、2003年の第5回大会についてだけ、多少触れておきましょう。

1995年の第3回ワールドカップは、アパルトヘイトの国であり、ニュージーランドに通算成績で唯一勝ち越している国（当時）でもある**南アフリカ**が、遂に国際舞台に帰ってきた大会です。この時期は、すべての競技でそれまで国際舞台から孤立していた南アフリカの競技参加が認められるようになってきてもいます。

映画『インビクタス』でも描かれたこの大会は、南アフリカが「ラグビーは白人だけのものではない」ことを主張するかのように、チェスター・ウイリアムスという唯一の黒人を代表メンバーに起用しました。しかしなんといっても特筆すべきはニュージーランドの怪物ウイング、ジョナ・ロムーでしょう。公称194センチ・118キロ、おまけにまだ20歳。巨漢プロップも完敗してしまうような体格のウイングが登場したことで、ラグビーの常識が覆されました。

南アフリカは、決勝でそのロムーの突進を徹底的に止め、双方ノートライのまま、延長の末15―12でニュージーランドを下し、歓喜の優勝を飾ります。ロムーは、99年の第4回大会にも出場しますが、急激に存在価値が薄れ、その後腎機能低下の重病に侵され、若くして現役を退きますが、今もラグビー界でいろいろと活動はしているようです。

2003年、オーストラリアで開かれた**第5回大会**は、ニュージーランド→オーストラリア→南アフリカ→オーストラリアと、南半球の優勝が続いた歴史が変わった大会、つまり**イングランド**が北半球の国として初優勝した大会です。

決勝は地元オーストラリアとイングランドの対戦。これまた、延長の死闘の末、20―17でイングランドが勝利するわけですが、この大会のスーパースターは、イングランドのスタンドオフ、ジョニー・ウィルキンソン。右足、左足関係なく、正確なドロップゴールを次々に決め、ドロップゴールの存在価値を世に知らしめたと言えるかもしれません。

決勝でも勝負を決めたのは延長後半のウィルキンソンのドロップゴールでした。

そして、ウィルキンソンの知名度を一気に高めたのが adidas のCMでのサッカー界のスーパースター、デイビッド・ベッカムとの共演でしょう。このCMは、一時期、ものすごい頻度で流され、ウィルキンソンの顔と名前は日本中に知れ渡りました。

Ⅳ

逆襲へ いざ!
「こうしたら」「ああなったら」……ラグビーの復権

「前投げギャンブルショット」を認めたら面白くないか？

前に述べたように、「天と地」「善と悪」がひっくり返るルール改正が大好きなラグビーの世界。伝統を重んじながらも、常に「常識にとらわれない」柔軟な発想で大胆にルールを変えてきたのですから、これからも「見ていて面白いラグビー」「２０１９年日本ワールドカップへ向けて、大勢の人が見にきてくれるラグビー」を目指した改良を進めようじゃないですか。

などと、僕は日本の、世界の、ラグビー関係者に訴えたいのです。

さて、僕が「こうしたら面白くなる」と思う「その１」は、「ボールを前に投げてもいいという場面を作ろう」ってことです。

▼ボールを前に投げられると

「ボールを前に投げてはいけない」

このラグビーの基本中の基本は、あまりにストイックです。「一歩一歩、着実に」「ゼロからのスタート」なら、人生訓としてもまだいいでしょう。ところが、ボールを前に投げてはいけないということは、「一歩下がってマイナスから再び前進しよう」っていうこと。ゆえに、けなげで美しいのでありますが、人間は怠惰な生き物ですから、「ストイックさ」に対する憧れとか畏敬の念はあるものの、「人がやる分にはいいが、自分がストイックになれと言われても……」と敬遠してしまいます。

そう、ストイックさは美徳ではあっても万人受けしないのです。

もうひとつの楕円球スポーツであるアメリカンフットボールで、何十ヤードもの長いタッチダウンパスが決まった瞬間の爽快さを考えれば分かるでしょう。

ボールを持ってタックルにくる相手を2人、3人とかわしてトライ。これはこれでラグビーの醍醐味です。でも空中高く放られたボールをジャンピングキャッチして得点に結びつけるアメフトのプレーは見ごたえがあります。

ラグビーではボールを前に投げてはいけないのだから、こんなプレーが見られるはずがない……、でしょうか？　いえいえ、これに近い形のプレーがあるのです。

よくラグビーの試合を見ている人なら「アレか？」ですよね。

そう、キックパスです。

▼あくまで条件付きで

スタンドオフがオープン方向に高いキックを蹴る。ボールを前に投げてはいけませんが、蹴るのは自由。ですから、インゴールに落ちるようなキックを蹴って、高く上がった分、味方のバックスが追いつけるようにするんですね。この戦法は少なからず見られます。

だったら、ですよ。アメフトのタッチダウンパスのよう手法も「条件付き」でＯＫにしたら、かなり見ごたえが増すと思いませんか。

つまりスタンドオフが山なりのパスを斜め前に投げる。オープンサイドでも、ブラインドサイドでも。「相手ディフェンスに穴があいた」と判断した瞬間にね、これをオフサイドラインの後ろにいるバックスが走り込んで直接キャッチしたらプレー続行。ちょっとアメフトのロングパス攻撃に似てますね。

キャッチしそこなうか、味方が追いつくより先に地面に落ちたら、ルール通りに投げた地点でのスローフォワードと判定するわけです。もちろん、相手が直接キャッチして反撃に出たら、プレーを切らずに、アドバンテージルールによって、その攻撃の成り行きを見るんです。

「ラグビーの基本がメチャクチャになる」

専門家はそう言うでしょう。でも、そうでしょうか。

こんな「前投げパス」を、その後ろから走り始めるバックスが直接キャッチできる確率がとんでもなく低いことなど誰にだって分かるじゃないですか。「キックパス」だって、「ここぞ」という場面しか使いませんし。「イチかバチか」のときにしか。

こんなギャンブルショットなんて、ゴール前に迫ったときの、ごくごく一部の手段。1試合に何回もないでしょう。ですから、一発逆転の場面なんかで面白いじゃないですか。

ゴール前で「スクラム→モールかラック→サイド攻撃→モールかラック」といった攻撃でボールが見えない密集の時間がひたすら長くなって興ざめするより、よっぽど興奮の展開だと思うんですよ。

「地道」「実直」「忍耐」の土壌に、「ギャンブル」の要素をほんのちょっと混ぜる。

料理で言えば「かくし味」です。

和食を作る中で、豆腐と野菜類の和え物の中に、ちょっとだけクリームチーズを入れると、コクが増します。フレンチのソースにしょうゆをちょっぴり垂らすと、味が一層深まります。

これを「邪道」と見るか「工夫」と見るか。

食べる客側にとっては明らかに楽しい。作る側にしてみれば、こういう手法を好む人も好まない人もいるでしょう。

ラグビーにおける「前投げパスの条件付き容認」は、こんな世界と共通するものではないですかな。

さあ、どちらの価値観を優先させるべきでしょうか。

スクラムをなくしたら

日本語として定着した「スクラム」ですが、僕はこのスクラムってものをなくした方が試合が面白くなると思っています。

ノックオンやスローフォワードなどの後のプレー再開方法として、8人対8人が不自由な中腰スタイルで押し合うことに、見る側とすると「絶対になくてはならない」というほどの魅力を感じられないからです。

ここでも、ラグビーに詳しい人の立場の考え方は省略しましょう。スクラムの起源とか意義とかの専門的な話になると、「なるほど、スクラムは必要だね」となってしまいますから。

スクラムをやめたほうがいいと僕が思うのは、こういう理由からです。

8人対8人の16人できちんとセットされた状態でスクラムハーフがボールを入れるため、攻撃側は、ほぼ確実にボールが取れるということ。敵に奪われてしまう確率がきわめて低いからです。ボールを入れる側がほぼ確実にボールをキープできるのなら、「あんな不自然な体制で押し合いを演じる必要がどこにあるのか」と見ている者は感じます。

ボールがタッチラインを割った後のプレー再開方法としてのラインアウトならば、ボールを投げ入れる側が必ずしもボールをキープできるとは限りません。かなりの確率で敵に取られてしまいます。だから、見ている者とすれば、どちらのボールになるか分からないハラハラ感がありますから、ラインアウトはいいと思うんですよ。

ゴール前のスクラムで、スクラムトライを狙って、ボールをスクラム内にキープしたまま押し合い。必死に押しているフォワードには頭が下がりますが、長引けば面白くありません。ましてやそこから崩れて密集になって、またボールが見えなくなって、しばらくするとまたスクラムになって。

この繰り返しが楽しくない。

▼実質的にボールが止まっている状態

スクラム組むのには双方の駆け引きがあるから、時間がかかります。

テレビ中継の録画を見ていて、ノックオンかスローフォワードでプレーが止まってスクラムに。その瞬間手許にあるリモコンの「30秒早送りボタン」を押すと、ちょうどスクラムからボールが出るところで再生が再開します。組んで崩れて、組み直して、ひとつのスクラムに1～2分かかることも。1試合でスクラムを組む回数を考えれば、レフェリーがスクラムを指示してからボールが出てオープン攻撃なりサイド攻撃に移るまでの「実質ボールが止まっている状態（スクラムの中で動いているといった論議はこの際省いて、ですよ）」の所要時間合計はどれほど長いものになるか。これにモール・ラックの密集で、同じように「実質ボールが止まっている」時間を足すと、80分試合中、おそろしく長い時間になるでしょう。これが普通のファンには「退屈時間」だし、テレビ中継を録画して見るファンには「早送り」時間になってしまうわけです。

なのにスクラムが欠かせないというなら、スクラムというものを「様式美の世界」という観点で見なければならないということでしょうか。

フォワードがスクラムを組むポイントに集まる。隣の者同士が肩を組むようにしっかりバインディングする。さあ、8人が一体になりました。

そうしたらレフェリーが両方のフォワードに「Crouch（かがみなさい）」「Touch（相手に触れなさい）」「Pause（止まりなさい）」「Engage（組み合いなさい）」と4段階の指示をしてスクラムが組まれます。「ガツン」と音が聞こえるかのよう。押し合いでスクラムがなかなか止まりません。

なるほど、一連の動きを美的感覚でながめる価値はあると思います。

この後、スクラムハーフがボールを投げ入れて、フッカーが足で後ろへかいて、後ろのロックもボールを足で後ろへ。その末にナンバー8あたりでキープしてスクラムを押すか、スクラムハーフに出すか、自分で持ってサイド攻撃するか。

プレー中断後の再開に、なぜここまでの手順を踏むか。

大相撲の「仕切り」みたいですね。

あれも行司がいろんなかけ声をかける中、力士が中腰になって両手を土俵につける動作を数回繰り返します。最後は「待ったなし」「手をついて」などの行司の声で、立ち会いのぶつかり合いとなります。

これも、大相撲の世界にはきちんとした根拠がありますが、素人の僕らからすれば「支度部屋で入念な準備運動をしてきたんだし、土俵に上がったら、さっさと戦えばいいじゃないか」となります。となると、これは神事とか古典芸能的な「様式美」の世界と受け止めなければならないのでしょう。土俵に登場してから汗を拭く、口をすすいで水を吐き出す、鼻をかむみたいなことさえする決まりなんですから。

もっとも大相撲は、この様式美を楽しむ部分がないと、戦いが始まったら1試合4~5秒ですからね。興業が成立しないかもしれません。

でも、ラグビーでは「様式美」よりも、ボールの展開、プレーヤーのぶつかり合いを見たいじゃないですか。

▼スクラムの代わりにフリーキック

スクラムになるケースを、直接タッチを狙えないフリーキックにしてはどうでしょうか。相手側はやはり10メートル下がります。そこで、タップキックから突っ込んでいってモールになることは、僕らも耐えましょう。そこからさっさと展開攻撃に移ってくれればの話ですが。

それにフリーキックとなれば、全部が全部「タップキック→突っ込み」じゃないでしょう。ハイパント攻撃も、素直にオープンに回すこともあるでしょう。それはそれはアクティブな展開になりますよ。

メリットは見る側だけじゃありません。

クイック攻撃を多用しても、スクラムの負担がなくなったフォワード8人の疲労はかなり軽減されていますから、より多くのプレーヤーがフォローに走ります。なんともスピーディーな流れになるじゃないですか。

「報われないポジションの崇高な精神」のところでふれましたが、フォワード第一列、第二列がいくら崇高な精神の持ち主でも、試合でボールにさわれなきゃつまらんでしょう。

フットボールっていうボールゲームをしているんですから、やっぱりボール持って走れば、鮮やかなパスが決まれば気分いいでしょう。スクラムがなくなったら、フォワードで頑張っているプレーヤーだって、そういうプレーが今の何倍もできるようになりますよ。

伝統芸にケチをつけるつもりはありませんが、プレー中断からの再開方法は極力シンプルなほうが、より迫力ある内容になると思いませんか?

スクラムの次はラックの存廃問題

スクラムをやめたらどうかという論点と共通する話です。

ボールを持ったプレーヤーのまわりに敵味方が集まり密集を構成。立っているプレーヤーがボールを持っている「モール」と、ボールが地面にある「ラック」。多くのファンに不評なのが、ラックですよね。モールはまだ、密集そのものが動いていたり、最後尾のプレーヤーの手にあるのが見えたりしますが、ラックはボールがまったく見えません。それでも、フォワードは必死の押し合い、ボールの奪い合い。

その末に、レフェリーの笛が。どちらかのボールのスクラムになったりペナルティーキックになったり。

「ホントに、レフェリーは正確に判断できるのかなあ。だって密集の中でまったくボールなんて見えないだろうに」

スタンドやテレビの前の多くのファンは、そう首をひねってしまうんです。野球やサッカーのきわどいプレーは、ボールが見えるから僕らも見ていて分かりやすい。ジャッジに疑問があっても「まあ、きわどいプレーだったからね」と納得がいきます。大相撲で物言いがつくような微妙な勝負でも、それはそれで、「見えている」から納得がいきます。

唯一納得がいかないのが、中が見えないラグビーの「密集」です。だからこの密集、とりわけラックをやめたらどうでしょうかね。

▼ラックをやめてフリーキックに

ボールを持って走るプレーヤーがタックルで倒される。他のプレーヤーもなだれ込み、起きあがれないから、元々ボールを持っていたプレーヤーはボールを地面にダウンさせる（ボールを手ばなして、地面についた状態になるということです）。そうなったら、レフェリーがプレーを止めて、直接タッチを狙えないフリーキックですぐに再開する。

それだとプレー中断が多すぎるかも知れませんね。であれば、ラックになって4〜5秒たってもボールが出なければ、プレーを止めるという「時間制限」を設けてもいいかもしれません。

そんなルールに変えてみてはどうでしょうか。

そのフリーキックはどちらのボールにするかの問題は残ります。防御の進化から、攻撃しにくくなってきたラグビーでは攻撃優位にルール改正を進めていますから、攻撃側のボールでしょうか。よほど目立ったミスや違反がない限り。

フリーキックですから、防御側はすみやかに10メートル下がらなくてはいけません。攻撃側はすぐに展開するか、「ここぞ」とばかり、前述の「前投げギャンブルショット」で一気に前進を図るか。

いずれにしても、きわめてスピーディーな試合展開になります。

ラグビーの録画を見ているときは、スクラムだ、密集だとなると「早送り」ボタンを押してしまいます。スクラムとラックがなくなれば、そんな「早送り」はほとんどできなくなります。そのくらい、目の前のプレーに集中できるようになるんですよ。

「密集でボールが見えないまま、時間だけが経過する。密集の中で、どんなことが行なわれているのか分からない」

こうしたラグビーへの一番の不満が解消されるんです。

中が見えない「密集」に、人は「密室」とも相通じる不安・不満を感じます。

壊れた原発の原子炉の中で「メルトダウンなど起きてはいない」と電力会社や政府は事実を隠したまま、すっと後になって「実はメルトダウンしてました」のコメント。

現職首相が倒れて意識不明に。後任を大物政治家数人が「密室で決めた」の「決めなかった」の。

警察や検察の取調室という密室で容疑者が「自供した」の「自供しなかった」の。不当な取り調べが「あった」の「なかった」のと。

事故も、政治も、役所も、企業も、「密室」ばっかり。「せめてスポーツは分かりやすくありたい」と思うのに、ラグビーでは常に密集が形成されて、ボールは「その密室の中」にあって見えない。何が行なわれているのかも分からない。

密集へのファンの不満は、こういうことなんですよ。

▼「ラグビーリーグ」という存在

密集をやめる、という意味では、オーストラリアをはじめ世界で人気を集める13人制の「ラグビーリーグ」のラグビーに通じるものがあるかもしれません。現状のラグビーが「ラグビーユニオン」のものであることに対する言葉です。「ラグビーユニオン」が、ワールドカップとか日本国内で一般的に行なわれている、僕らが知っている「ラグビー」です。

さて「ラグビーリーグ」のほうは、1チーム13人。

「タックルやノックオンでプレーを中断。スクラムなしに、地面に置いたボールをプレーヤーがヒールアウト（かかとでボールを後ろへ送るラグビー用語です）して、すぐにプレーを再開」

「ラックやモールなし」

「攻撃側は6回タックルされるまでに得点しなければ攻守交代（アメフトに似ていますね）」

「スクラム（6人対6人で組む）やキックが少なく、流動的な展開を最優先している」

「トライ4点、直後のコンバージョンキック2点、ペナルティーゴール2点、ドロップゴール1点」以前にオーストラリアでこの試合を見ました。

たしかに密集がなく、ボールの展開が止まらないから、「いつものラグビー」に慣れている目には戸惑いもありましたが、「プレーの継続」「ボールがいつも見える」といった面白さは痛感しました。百年以上も前の分裂から世界には「ふたつのラグビー」があるようですが、このユニオンとリーグ、世界では交流も図られているようですね。

でも、日本で「ラグビーリーグ」のラグビーを知っている人はごく少数。でも、現実に試合は行なわれているし、世界レベルの大会にも出場しています。

テレビなどでも、このラグビーや7人制ラグビーはほとんど放送されません。もしかしたら、スポーツメディアの中にも「ラグビーっていったら、15人制じゃないか」という固定観念があるのかもしれませんね。でも、見ての面白さは15人制を上回るものがあります。スピーディーなパス回しと縦横無尽の走りの楽しさ、それに密集が少ないことによる分かりやすさね。

これだと、女性にしても、よりラグビーに取り組みやすいでしょうしね。競技人口拡大に役立つじゃないですか。

「皆さまの」NHKあたりは積極的に企画してほしいなあ。スポンサーの意向が気になる民放だって、トライしてみる価値は十分にあると期待するんですよ。

そうやって、ラグビーのテレビ放送が増えればいいがなあ……。

前後半制をやめてクオーター制にしたら

スクラムやラックなどの密集をなくして、フリーキックにしてクイックスタート。そんなルールになったら、プレーが途切れないため、フォワードをはじめプレーヤーが休む時間がなくなってしまいます。

だから40分ハーフ制（40×2＝80分）でなく、20分クオーター制（20×4＝80分）にしてはどうでしょうか？

15分の5ラウンド制（15×5＝75分）でもいいではないですか。そうやって、休憩時間も増やしていけば、プレーヤーの疲労も緩和されるのではないですか。

▼「幕間」対策を真剣に考える

退屈ですよ、前後半の間って。スタンドにいると、特にそう思います。

地方都市に住む僕は、テレビ中継の録画観戦が中心ですから、そこは「早送り」するので問題なし。

でも、スタンドで観戦していたり、中継そのものを見ているときは、早送りはできませんからね。これが、クオーター制にでもなったら、もっと「幕間」が増えるから、なんらかの対策を考えなくてはならないでしょうね。

アメフトのようにチアリーダーショーがあったっていいでしょうし、登録メンバーに入れないプレーヤーとか、少年ラグビースクールのちびっ子たちによる「ゴールキック合戦」でもいいでしょう。

いかにもスポーツっぽい勇壮な音楽の演奏はどうでしょう。麻倉未稀の「ヒーロー」とか、ユーミンの「ノーサイド」といったラグビーゆかりの名曲を誰かが歌ってもいいじゃないでしょうか。

ラグビーに関するトークショーも楽しいかもしれません。

ありとあらゆることを、ハーフタイムとか、クオーター制ならば、その間にやってみる。

「とにかく、ラグビーの試合って見飽きないよ。グラウンドのプレーはもちろんだけど、試合の前後やハーフタイムに、ファンを楽しませる趣向を凝らしているから」

こんな取り組みも必要だと思います。

「孤高のスポーツ・ラグビーで、そんなチャラチャラしたことができるか！　幕間のコントじゃあるまいし。真剣にプレーしている者や、純粋にラグビーを見てくれる人に対して不謹慎な」

そういう声も出てくるでしょう。

でもね、「かたくなに」「愚直に」プレーしているだけでファンが増えるのならいいんですが、そうとは言えない現実があるから心配しているんです。

▼もっとエンターテインメントを

サッカーや一部ラグビーでも行なわれている、プレーヤーとちびっ子たちが一緒に入場してくる光景。あれだって、最初は「神聖な試合前に、子どもと手をつないで入るとは」って抵抗があったでしょうが。

でも、やってみればごくごく自然な、ほほえましい光景です。

なぜあれがいいか。プレーヤーのためじゃない。当のちびっ子にとって一生の思い出になるからです。「僕も、私も、あの役をしたい」と競技人口増加に貢献するでしょうし、スタンドのファンの気持ちもやわらぎます。

言いたいのは、観客の立場からすれば間違いなく「エンターテインメント」なんですから、ファンが喜ぶことをすれば、支持が広がるってこと。人気が高まるってこと。

昔、圧倒的な実力を誇る横綱・播磨灘が、徹底的なヒール役となって既成観念を打ち壊す「ああ播磨灘」という相撲漫画が人気を集めたことがありました。この横綱は土俵入りに奇怪な仮面をつけて入場するのです。「もし1敗でもしたら、即座に引退する」と豪語して、協会や真面目なファンの反発を受けながら勝ち続けます。「第一人者の横綱がヒール役」という点では、あの朝青龍にちょっと似ているかもしれません。

仮面をつけて入場するかどうかはさておき、たまには本場所の「幕内力士土俵入り」をちびっ子力士と一緒にしてもいいじゃないですか。現実にそんな日がくるかもしれません。ちびっ子や多くのファンは喜ぶことでしょう。

「大相撲は神事だ。不謹慎な」

そんな声も聞こえそうですが、冗談を言ってはいけません。

野球賭博だ、八百長だと、今の大相撲に「神事」という言葉を持ち出すこと自体が不謹慎ではないですか。

大相撲の再生のためなら、協会だって現実に考えるかもしれませんよ。

要は人気向上・底辺拡大への努力を、一瞬たりともおろそかにしてはならないということです。

プロスポーツたるラグビーも、遅れを取るわけにはいかないのですよ、ホント。

「反則」という言葉をやめませんか

僕はラグビー報道にひとつ注文があります。

それはなにか。

あの「反則」という言葉を使うのをやめましょうよ、ってことです。これは国際ルールとかの問題ではないから、日本だけでできるじゃないですか。

「ラグビーでは、ボールを前に投げてしまう『スローフォワード』や、前に落としてしまう『ノックオン』など軽い『反則』の場合、相手ボールのスクラムになります」

「防御側がオフサイドラインを越えて前に出たり、タックルされて倒れたプレーヤーがボールをはなさなかったり、首から上にタックルにいったり、敵の防御を邪魔するプレーをしたり、そんな重い『反則』があった場合、相手ボールのペナルティーキックになります」

この反則って言葉には抵抗があるんですよ。

「ああ、首に行ってる（首にタックルしている）。反則だ。これは危ないなあ」

解説者が心配します。

「なに？　ラグビーはそんなに反則だらけか。野蛮なスポーツだな」

こう言われることって、けっこうあるんですね。

つまり、日本人が「反則」っていう言葉から連想する言葉は「悪意」「野蛮」「暴力」なんですよ。

これは、やっぱり力道山以来のプロレスの影響なんでしょうね。

敗戦日本を救った英雄力道山と白覆面の魔王デストロイヤーの対戦。

「デストロイヤーが覆面の内側に凶器の栓抜きを入れて、頭突き攻撃だ。あ、力道の額が割れて鮮血が……」

流血の怪人アブドーラ・ザ・ブッチャーに立ち向かうジャイアント馬場。

「ああ、ブッチャーが反則攻撃に出た。フォークだ、なんとフォークで馬場の腕を刺した……」

インドの狂虎、タイガー・ジェット・シンがアントニオ猪木にサーベルで殴りかかる。

「シンがサーベルを手に、猪木を襲った。おおっと、猪木が倒れました。額が真っ赤に染まった……」

反則っていうのは、どうもこういうアウトローのイメージがぬぐえませんね。

つまり、悪意を持って違法行為に及ぶというイメージです。もちろん、プロレスの悪役レスラーに「悪意」があったとは思えません。「演出」の範囲という見方が支配的でもあります。とはいえ、表面上は「悪意に満ちたアウトロー」を演じ切っていたのです。

言いたいのは、彼らの演じた「反則」、その言葉のイメージが、真面目な日本人には「犯罪」であるかのようなものとして定着していったことです。


ラグビーで「軽い反則」だの「重い反則」だのというプレーは、ことごとく「ミス」であり、故意ではなく「過失」なんですね。ボールを真横より前に投げてしまう。かかえていたボールを落とす。相手の攻撃をなんとか止めようと、思わず前に出過ぎる。これが過失による違反。

首へのタックルも、「反則だ」と言われれば、「あのやろう、首根っこをつかんで、振り回してやる」といった気持ちでいるように誤解されますが、相手を捕まえようとした腕が、つかまるまいと背をかがめた相手の首を巻く格好になってしまったアクシデント。

そう言えば、僕の高校時代は、それこそすごい反則首タックルがありました。

ジャイアント馬場が当時の世界最高峰のNWA世界王者ジャック・ブリスコに勝って、日本人初のNWA王座獲得という快挙を成し遂げた1974年の試合のこと。走ってくるブリスコの首を目がけて馬場がジャンプ。片腕でブリスコの首を巻いて、そのまま二人してリングのマット上に急降下する「ジャンピング・ネックブリーカー・ドロップ」で馬場が勝ったんですね。馬場はその後長くこの技を「必殺技」として多用していました。

このシーンはテレビ放送もされましたから、その影響なのかなあ、ラグビーの試合でも、走ってくる相手の首を腕で巻き込むようにジャンピングタックルがありました。田舎ですから、レフェリーたる高校の先生ものんびりしたものだったんでしょう。

今なら一発退場、いえいえ1年くらい出場停止かもしれませんね。

とにかく、そんなひどい首タックルだって、本人に「悪意」はなかったんです。

ミスは未熟な自分を恥じるしかありません。でも「反則」などと悪意でもあるかのような表現はやめたほうがいいんじゃないのかなあ。

「ラグビーは『反則』ばっかりだっていうからなあ。子どもと見に行くのもちょっと……」

そんなふうに、プロレス興行を見に行くのと同質の後ろめたさを感じる人の「間違い」を正さなきゃいけませんからね。

ですから、この本でも書き出しから「反則」という言葉を使ってこなかったんです。

雨の日は試合をやめよう

僕は、ラグビーを始めた40年近く前から、いまだに不思議で仕方がないことがあります。

「なぜ、雨が降っても多少の雪が降ってもラグビーの試合は中止にならないんだろう?」

これは、ラグビーの不思議さの中でも、僕にとっては最大級なのです。暴風雨とか、とんでもない積雪でもない限り試合が行なわれるのって、どうしてなんでしょうか。

「それがラグビーのルール。伝統なんだ」

そう言ってしまえばそこまでですが、それでいいのかなあ。

フットボールと言いながら、サッカーと違って「ハンドリング」が命のラグビーで、雨は致命的です。

パスの精度が落ちるし、キャッチミスも当然増えます。濡れたグラウンドで走っていてもスリップばっかり。相手を抜き去るサイドステップやスワーブといったテクニックもうまくはいきません。

濡れたボールじゃ、蹴ったっていつもよりは飛びません。スクラムもキッチリとは組みにくくなります。水を吸ったスパイクじゃ、走るにも普段のスピードが出ません。

プレーヤーの疲労度だって、晴れや曇りの日の試合に比べて格段にアップします。雨の日なんかに試合をしたくはないだろうに。少なくとも、ラグビー少年だった僕は、雨で試合が流れる野球がうらやましくて仕方がありませんでした。

見る側だってつらいものがあります。傘をさして、合羽を着て見ていたって、決して楽しくはないですからね。

野球は雨になるとなぜ中止なんでしょうか？　ラグビーやサッカーが雨降りでも試合をするのに比べて、なにが中止の必然条件なんでしょうか。

ピッチャーの指が滑る？　バッティングでもボールが見えにくい？　走塁に支障が出る？　スタンドの観衆も興ざめする？

プレーの精度が落ちるという意味では、ラグビーも野球も同じです。

「雨が降ったって、できるじゃないか。ボールも相手も見えるんだから」

そんな理屈づけをすれば、やはりラグビーも野球も同じでしょう。

でも、降雨中止にするのは、野球発祥の地・アメリカの「合理主義」、あるいは「商品主義」であるかもしれませんね。

「プレーの精度を落とす条件（降雨）が生じたら、プレーヤーも危険だし、商品価値も落ちる。お金をいただく観客に精度の落ちるプレーを見せるべきではない」

といった考え方でしょうか。

ラグビーの「気高い精神」、それはそれとしましょう。

「晴れの日には晴れの戦法が、曇りの日には曇りの戦法がある。雨の日にもそれに合わせた戦い方がある。コンディションの悪い中で、その苦しさに耐えてきちんとプレーすることが、人間性を磨くことになる。自分自身を成長させる」

改めてこう言うまでもなく、ラグビーとはさほどに「気高く誇り高い」スポーツなんです。まさに人生そのもの。苦しい状況から逃げ出したりせず、その苦境を切り開くために最大限の努力をする。これもまた、ラグビーの真骨頂なのかもしれません。

しかし、ですなあ。プレーしている者の人間性を磨く修練にはなっても、僕らファンは修練のために見に行くわけじゃありません。

でも、ラグビーのように「苦境になればなるほど、それをはねのける努力が、自分を磨くのだ」という価値観に立てば、野球やテニスなどにしても「降雨プレー続行」の意義が見出せるというものでしょう。

でも、あえてそれをしないという価値観に立っているのでしょうし、僕はそういった考え方を支持します。

だから、声を大にして言いたいんです。

「ラグビーの試合も降雨中止にしよう。いいグラウンドコンディションのもとで、最高のプレーが見たいから。そのほうがスタンドやテレビの前で見ている僕らファンも、それぞれ最高の気分になれるから」

それがダメなら、秩父宮ラグビー場や花園ラグビー場に開閉式の屋根をつけるべく、お金を貯めましょう。あるいは、アメフトみたいにドーム球場で開催するとか……。

提言します！
★1回だけ「前投げ」OK
40
20
★クオーター制にする
★スクラム・ラック・モールをなくす
★「反則」ではなく「ミス」
★雨の日は試合をしない
★1チームの人数を少なくする

１チームの人数を少なくしたい

ラグビーがスポーツとしてどんどん進化してきたこと、とりわけ防御システムの「完成」は、ひとつに今のスタイルのラグビーの「限界」を示唆しているのかもしれません。

「今の１００メートル以内×70メートル以内のグラウンドでは、15人対15人というボールゲーム最大の人数で試合をするには無理がある」

こういうことなんですよ。

現実に「ラグビーリーグのラグビー」は１チーム13人制だし、２０１６年リオデジャネイロオリンピックで正式競技になったラグビーは、日本のファンにはまだまだおなじみではない「7人制」です。

たしかに15人制のラグビーで、これだけ防御システムが確立してしまうと、なかなかトライシーンにまで行きつかないんです。ラグビーの花はやはり「トライシーン」です。ヒマワリみたいな鮮やかな大輪の花、あるいは日本人なら桜の華やかさと位置づけてもいいでしょう。

とにかく、鮮やかなトライシーンに勝る「ラグビーの花」はないでしょう。その花が咲く場面になかなかお目にかかれないのが今の試合です。

だからこそ、毎年のように行なわれる頻繁なルール改正は、攻撃側優位の展開を狙った内容ですね。その意図は分かりやすいものですし、トライシーンが増えるならば、見る者にとっては歓迎しなくちゃいけません。

ペナルティーキックからのダイレクトタッチキック後のラインアウトがマイボールになるといった露骨な攻撃優先で、興ざめキックが日常化したような「これでいいのか？」式のルール変更以外なら。

▼このまま防御が進化していくと

防御が進化したことで、「見せ場」がどんどん乏しくなるという問題。これは皮肉な展開です。ひとつのスポーツの進化がそのスポーツから見せ場を奪い、人気の低下を呼んでいるとしたら……。

２０１０～２０１１年シーズンの大学選手権決勝、帝京と早稲田の試合は、その典型じゃないかと思います。

両チームの防御が整っていたから、お互いにディフェンスを突破できない。秋の対抗戦ではバックス勝負に出て早稲田に敗れた帝京は、徹底して小刻みなフォワード戦に終始。

スクラムから出たボールを、サイド攻撃でモールに。そこから出たボールをまたサイド攻撃でモールに。少しずつ、少しずつ前進する帝京。帝京にすれば、勝つための最高の戦術だったということは、ラグビーをかじった僕には痛いほど分かります。自分たちの戦力を冷静に把握して、どんな攻撃や防御が勝利に一番近いかを考えるのが、戦いの定石です。でもなあ、試合の中であれだけ密集が占める時間が長いと、見ているほうは……。

とすれば、帝京にはあの戦法が最適だったのでしょう。

まあ、アマチュアスポーツにエンターテインメントの観点を持ちこんではいけないのかもしれませんが、日本における大学ラグビーの存在は「アマチュアスポーツ、その1」という位置づけではすまされないんですね。プロであるトップリーグよりも人気が高いという、ある意味「日本ラグビー最高峰」であるわけです。トップリーグのテレビ中継はなくても、大学選手権の準決勝・決勝は必ず中継されるんです。

大学生には酷な注文でしょうが、「ラグビーの見本」といった見方をされるんですよ。つまり、「業界トップ」たる使命とか責任を負わされる存在なんです。学生たちが好むと好まざるとにかかわらず。

何年か前、プロ野球の日本シリーズで先発投手が8回まで完全試合を続けて、1対0で勝っていた試合の9回に交代させられた「事件」がありましたよね。

監督は「プロは勝たなきゃ意味がない。1点差だし、確実に勝つためには、ストッパーの登板が最善の方法」と交代理由を説明しました。

まあ、民主国家の日本では「主義主張」の自由が保障されていますから、各自がどう考えて、いかに行動するかについては、個人の責任です。いろんな考え方があって、それが認められるべきです。

その大前提の上ですが、僕のまわりの誰に聞いたって、「史上初の日本シリーズでの完全試合達成に向けた、残る3人の打者との対決、その1球1球にハラハラドキドキしたかったよな」です。

その監督が言う「負ければ話にならない」は本当でしょうか？

「1　この試合を落として、その後の入場者が減るか？」

「2　親会社の新聞発行部数が落ちるか？」

「3　逆転負けの責任を取らされて監督が辞表提出を迫られるか」

まあ、3はありえない事態でもないのでしょうが、1と2はないでしょう。それより「打者3人とのハラハラドキドキ」の楽しみを奪われたファンのストレスのほうが深刻だと思いますよ。

つまり、大学ラグビーというアマスポーツの中で帝京がとった勝利至上主義はそれとして、プロ野球という「興業」では「球団の1勝」と「ファンの興奮・感動」のどちらを優先するべきか。

そのあたりで、きわめて割り切れなさが残る投手交代でした。僕は今でも、9回の3人の打者との完全試合をかけた対決に興奮したかった。「投手交代したほうが、勝利の確率が高い」として、その興奮の芽を摘まれてしまったことへの不満は、今でも持ち続けています。「見る者を満足させることで、収入を得る」のがプロ興業だからです。

その意味で、アマの帝京ラグビーにそれと同じものを求めるのは、多少筋違いであることは分かったうえで、「勝利を目指すという命題に忠実に、真剣にプレーした」ことがファンの興奮に水を差すというせつない現実に、「なんか打開策はないのかなあ」と、ちょっと暗い気持ちになるのです。

自分たちの武器を最大限に生かした戦法に徹した帝京の大学日本一には最大級の賛辞を贈りたいとは思いますが、「ああ、またラグビーファンがちょっと減ったな」という思いが頭をよぎるのでした。

地道とか愚直といった観点からすれば、ラグビーに詳しい人には見ごたえがあるのかもしれませんが、普通のファンにはストレスがたまる試合展開でした。

ラグビーを修行僧の苦行・荒行であるかのようにとらえて、自らの怠惰な日常への戒めとして身守るなら、この試合はかなり価値のあるものでした。

ところが、スタンドやテレビの前の普通のファンに、そんな崇高な精神を持った人はほとんどいないでしょうから、問題が生じるんです。

エンターテインメントとして見れば、「80分かけてストレスを貯めこんでどうする」という不満になるわけです。

▼7人制もいいけど11人制はいかが？

「1チーム15人という人数が多すぎるということではないでしょうか。真剣に考えるべきテーマなんですよ」

この考え方は、決して少なくないんです。

だからこその7人制のオリンピック採用なんでしょう。

フォワードは3人ですから、通常の試合のような密集がなく、個々のプレーヤーによる、広いスペースを使った縦横無尽の走りが要求される7人制は、日本人向けと言えるかもしれません。日本のラグビー自体は世界ランクでトップ10に入っていませんが、ラグビー界の専門家でもこう口にする人がいます。

「7人制のほうが、世界8強とか4強に進みやすいんじゃないか」

たしかに、日本人に比べて大男ぞろいのラグビーの世界だけに、体格差が必ずしもストレートなハンディとはならない7人制には、日本躍進の期待が持てます。

その証拠に、7人制ではケニアが強かったりするんです。ラグビー人口なんてあるのか？　と言いたくなるような国の名前ですね。その身体能力の高さから、陸上競技では世界レベルですが、ラグビーとは……。

でも、考えれば当然で、密集が少なく、広いグラウンドを少ない人数で自由自在に走り回るという7人制が日本人向けだと考えるのと同じように、陸上王国ケニアにとっても、オリンピックにおける「表彰台への近道」であるかもしれません。

現実にオリンピックでケニアが金メダルを取ったりしたら、ちょっと面白いなあ。「日本も続け」なんてことになるかも。

オリンピックで注目を集めれば、ラグビーの世界も「メインは7人制か？」なんて軸足が変わったりして……。

本気で思いますよ。1チームの人数を少なくしたほうが面白いって。

「7人」でもいいけど、「11人くらい（フォワード5人、バックス6人）」がいい感じじゃないでしょうか。

タイムキーパー制はいいが、ホーンは「許せん」

レフェリーが自分の腕時計の針を止めたり再び動かしたりしながら自分で試合時間を計るという伝統的システムを、僕は少年時代からおかしいと思っていました。

レフェリーの項で言いましたが、80分の試合中、全力疾走して、あらゆるプレーを瞬時に判断して、と大変な負担がかかる人に、「時計係り」まで背負わせるのは無理があるなあ。そんな気持ちでした。

時計係りくらいおけばいいのに。それって当然の考えでしょう？

前後半40分をすぎてロスタイム。この長短もレフェリーの判断ひとつですから「あれ？」って思うことも少なくなかったんですね。

時間計測はもっと早く改善すべきだったのです。

ですから、現在の「タイムキーパー制」はきわめて納得のいく方法です。

とはいえ、「この次、プレーが止まったらノーサイドだよ」を告げるために鳴らす「ホーン」。あれだけは許せないのです。

前半と後半、それぞれ40分を過ぎて「ホーン」がなると、この次にプレーが止まったら（ペナルティーキックの場合は試合続行）、そこで前半ないし試合の終了。この終わり方だけはいけません。一度でも試合を見たファンの多くは、僕に賛同してくれると思います。

とくに緊迫した試合はそうです。

ワンプレーで勝敗がひっくり返る6点差以内での攻防の末に、ホーンが鳴ります。リードした側がボールを取ると、間違いなくタッチに蹴り出します。しかも、前に蹴って相手にチャージされて、ころがったボールを奪われでもしたら大変ですから、真横より後ろへ「安全に」蹴り出すことも日常的です。

ラグビーではタッチにボールを手で投げ出すことは禁じられていますが、蹴り出すことは合法です。

でも、この後ろへの「マイナスキック」での試合終了は、どう考えても納得いきませんよ。納得いかないどころじゃない。『桃太郎侍』のような鬼の形相で、「許せん」とつぶやく自分自身を抑えられなくなるんです。

「最後まで必死に戦うのが、ラグビーのフェアプレー精神などと言っているが、この『こすっからさ』をなんとする。せこく後ろへ蹴ってでもいいから、目前の勝利をつかみたいということか」

そんな憤りですよ。

いいですかい。ひたすら誠実に前に攻めて攻めてゴールラインを目指すのがラグビーなんでしょうが。

「ホーンが鳴るまでは一生懸命に前を目指すけど、ホーンが鳴ったら、安全策第一よ」

本当にそう考えているかどうかは、この際問題ではないんです。見ている者にはそれ以外の何物にも見えないということが分からないのでしょうかってこと。

優れた読み物とか映画のラストシーンを思い浮かべてください。最後の最後、その場面がいいか悪いかで、作品全体の印象が違ってしまうじゃないですか。

「ああ、いい文章を読んだ」

「素晴らしい映画だったなあ」

最後のシーンなんですよ、そうした感動を呼び起こすのは。

相手に対して全力で向かう。それが最高の礼儀だと指導者たちは言っているじゃないですか。それを自分たちの手でぶち壊してどうします。

安易に後ろへ蹴り出すプレーは、ボールを投げて出したときと同じように、相手側のペナルティーキックにするべきだと強く思います。

あんなふざけた終わり方なら、学生の試合だって入場料を取っているんですから「お金を返せ」と言わなければなりません。

ホーンで知らせたいなら、まず時計係りが「終了時間だ」と判断。その後にプレーが止まった段階（ペナルティーキック以外）で、「ノーサイドのホーン」を鳴らすシステムにすればいいんです。そのほうが潔い。第一、そうすれば「もうノーサイドだろう」と思って蹴り出したって、まだ終了ではなく敵ボールのラインアウトでもう1プレーということになるかもしれないから、安易に蹴り出せなくなるでしょう。

となれば、必死に攻めるしかないわけです。そうやって、最後まで全力を尽くした末の試合終了なら、まさに「ノーサイド」と敵味方の垣根を取り払ってお互いの健闘をたたえ合えるじゃないですか。観衆もまた同様です。「ああ、最後の最後まで白熱したいい試合だった」と最高の満足感を手にして帰れるんです。「だからラグビーは面白いね」って言いながら。

とにかく、この「ホーン制」は即刻やめるべきなのです。

どこを向いてしゃべるか？

大多数のファンはメディアからしか、そのプレーヤーのコメントに触れることができません。このネット社会では各チームやプレーヤーのホームページなんかもあって、独自に情報発信してますが、そこの内容は落ち着いて整理されたものです。試合直後の息づかいや感情の起伏が伝わってはきません。

やっぱり練習中のグラウンドとか、試合直後の態度は、かなり本音がのぞきます。スポーツの世界ではその受け答えで「?」と思うことがけっこうあります。

試合後のインタビューを聞いていて、「比較的礼儀正しいなあ」と感じるのは、ラグビーや柔道かもしれません。「比較的」と表現したのは皮肉ではなくて「試合直後で疲れているうえ、勝負の結果に感情的にもなっているだろうに、『それにしては』きちんと受け応えしているなあ」という割引計算からのものです。大相撲の殊勲インタビューも、荒い息づかいの中で丁寧語です。なにかと批判の多い大相撲ですが、この受け答えだけは好感が持てます。

さすがにラグビーは「紳士のスポーツ」だし、柔道や大相撲は「日本伝統の格闘技」だけのことはあるなあ、という気になりますよ。

きちんとした丁寧語・敬語を使って語る姿は、見ているこちらも気分がいいものです。

先日も格下のアメリカ相手に辛勝した直後、日本代表の菊谷主将が「ふがいない試合をして申し訳ありません」とスタンドに謝りました。こういう潔い態度は素晴らしい。

メジャースポーツの代表のプロ野球やプロサッカーのプレーヤーたちの受け応えに、ぞんざいさが目立つのとは対照的な礼儀正しさです。

敗戦の悔しさから、

「何も言うことはない」

とドアを閉じる有名監督。

「今日はネ、調子が良かったからネ、気分良くプレーできたネ。途中で、ちょっとバテたんだけどネ、まあ、最後まで体力がもったヨネ。この調子でネ。今シーズンも突っ走りたいネ」

と聞くに耐えない言い方の有名プレーヤー。

親しい友人や後輩にでも話しているかのような言い方が目立ちます。聞いていて、不愉快になってきます。日本語を破壊しているからです。あなたが話している相手は、目の前の若い（もしかしたら、あなたより年下かもしれない）記者ではなく、子どもから大人までの一般ファンだということが分かっていない。分からせようとする教育の場もないのでしょう。

一般企業なら「社会人としての最低のマナーとか言葉づかい」を一応は研修する場がありますが……。

「ネ」とか「じゃ」とか「ん」などの多用が、いかにぞんざいな印象を与えるか、そんな「社会常識の教育」も受けていないことを、インタビューで公言してどうする、ということです。ああいった言葉づかいを、見ている子どもたちが真似したらと思うと、ゾッとしますよ。

これを無批判に受け入れ、さも大物のように扱って増長を助長するスポーツメディアも問題ではありますが。

数年前、オリンピックでの優勝に「チョー気持ちいい」と叫ぶアスリートの姿を、言葉を大切にするはずのメディアはなぜか好感をもって迎えたのが不思議でした。それ以前には「オリンピックを楽しみたい」と言った女性アスリートを「税金の無駄遣い」であるかのようにバッシングしたのもメディアだったのに。別のオリンピックでは、ジャケットの内側のシャツのすそをズボンの中にしまわずに外に出していたアスリートがバッシングを受けました。このバッシングに賛否両論があったように、これって、今やカジュアルの場ならスマートな着こなしです。だからといって、この人を弁護するつもりもありません。ただ、「礼を失する」という意味では、このシャツの着方も、注目の優勝インタビューでの「チョー……」も、どっこいどっこいのような気がします。

もし、メダルに届かない4位か5位の人が、でも「自分の力を出し切った結果だ」と納得して

「オリンピックってチョー気持ちいい」とコメントしたら、「その言葉づかいはなんだ」と袋叩きにあったでしょう。「勝てば官軍」がメディアの真骨頂とはいえ、あまりにお気楽すぎないでしょうか。

だめなんですよ。公式のインタビューで「大の大人」に「……ネ」とか「チョー」とか言わせては。日本の子どもがすべてそれを「正しい日本語」だと勘違いして、スポーツの試合で勝っても、テストで100点とっても、作文コンクールで入賞しても、いつも「チョー気持ちいいよネ。これが僕の実力だネ。これからも頑張るからネ。期待しててよネ」と、周囲の大人に言うようになったらどうします。

そういうことも分かったうえで、アスリートの存在やそのスポーツの注目度を高めようとして戦略的に口にした「今どき言葉」だったとしたら、その戦略と勇気には「敬服」しますが……。でもね、子どもだけじゃありません。車や洋服などの営業でも、接客業でも、本来丁寧語で語るべき場で「……ネ」や「チョー」がまかり通っているじゃないですか。有名アスリートが口にすれば、ノー天気な人は「それが普通なんだ」と真似します。これは「日本の悲劇」なんですよ。

スポーツの世界にいる人の言動は、それくらい影響力があるってことです。

▼これは黄金期に戻ってほしくないこと

それに比べりゃ、ラグビーや柔道の人って、真面目な受け応えですよ。なのに競技そのものの人気ではメジャーになれない。

もしかしたら、ファンへの礼儀正しい受け応えは、「エンターテインメント」に生きる者という観点では「善」ではなく「悪」なのだろうかという疑問さえわいてきます。

野球やサッカーのように、何億円も稼ぐ立場になれれば、「どんな横柄な態度をとっても文句は言われないんだぞ。いいじゃないか。こういう職業って。どうだい、子どもたちも、これを目指そうよ」と強調して、その競技の人気を盛り上げるための作戦なのかもしれません。

試合前や試合後、マイクをつきつけるアナウンサーに「お前、何を言っている。出てけ！」と平手でビンタをくらわすアントニオ猪木の態度は、無礼なものではなく「試合の一部」として組み込まれている筋立てと考えるべきでしょう。

でも、プロレスはそうであるからこそ、「筋書きのない１００％真剣勝負」という筋立てが大前提だった力道山時代はともかく、その後の一般新聞の運動面では扱われません。テレビのニュース枠でも扱われません。はっきりと「エンターテインメント」というジャンルに区分けされます。レスラーの発言や行動に社会常識から逸脱したものがあったとしても、それはエンターテインメントの一部として練られた「セリフ」「演出」であるという「常識」を、社会の側がわきまえているのです。

でも、一般新聞の運動面やテレビのニュース枠に登場する、筋書きのない「スポーツ」は、「脚色」ではなく「事実」の世界であるため、プレー以外の言動もまた、社会常識を要求されます。なぜなら、注目されやすい言動を、人としての成長過程にある子どもたちがよくも悪しくも「見習う」からです。

ずっと昔、国際プロレス時代のラッシャー木村に会いに行って「取材ですか？　ご苦労さまです」と頭を下げられたことがあります。常に注目されるジャイアント馬場と、アントニオ猪木の陰に隠れる国内第3位の団体のエースという引け目からのものだったのでしょうか。いえいえ、彼の素朴な人柄ゆえのものです。その後のレスラー人生でも、彼は礼儀正しい男でした。

すべてのアスリートたちが、そうであってほしいなあ。そういう大人社会でなけりゃ、子どもがまともに育たないから。スポーツの目的のひとつには、青少年の健全育成があるのですからね。

ラグビーの「黄金時代」には、メディアへの露出度も高かったから、今のサッカーや野球の感じに近い雰囲気があったんですよ。敬語や丁寧語がどこかに吹っ飛んでしまった受け答えが。

ラグビーの逆襲が進行して、再メジャー化していくとしても、これは、絶対に避けなくちゃなりませんぜ。

ファンは誰に「応援」するか

多くのアスリートが、大いなる勘違いをしている気がしてなりません。試合後のヒーローインタビューや日常の取材などで、言葉の締めくくりは「これからも、応援よろしくお願いします」となります。

でも、ちょっと考えましょう。たしかに、スポーツの場合「観戦」「見物」よりも「応援」という言葉が似合う雰囲気は昔からありました。

学校には運動部の試合会場に駆けつけ組織的声援を送る「応援団」「応援部」という組織もあります。

スポーツや芸能の世界で後援会という「応援組織」もあります。そうそう、政治家も同様ですね。

でも、実際に競技会場のスタンドに駆けつけたり、テレビ中継を見ている人の中で、特定のプレーヤーやチームを「応援」「後押し」しようと考えている人って、どれほどいるんでしょう。

シニカルに構えたいわけじゃないんですが、多くの人は「見ていて楽しいから」そのスポーツを見るんじゃないでしょうか。

僕の周りは圧倒的にそうです。勝利を目指して戦う東芝やサントリー、三洋電機（これからはパナソニックでしたか）を「後押し」したいんじゃなくて、スタンドで大声あげて、好きなラグビーを肴に酒飲んで、気分を発散させたい。日頃のウサを晴らしたい。そういう価値観で観戦してる者ばかりです。

もちろん「小野澤、頑張れ」とか「いいぞ、菊谷」なんて「応援」の声援が飛びます。でも、僕らは誰とかの後援会員でもありません。そのプレーヤーを励ますというよりは、自分が楽しいから叫んでるわけです。

ここいらあたりが肝心な点。

そのプレーヤーの家族とか友人、その企業チームの社員とかでしたら、自分の楽しみより、勝利へ向けた「応援」に力が入るでしょうが、それ以外の人にとっては、観戦している自分たちが楽しくなければ意味がないでしょう。

その観点で言うと、僕は「サポーター」という言葉が嫌いです。

人気を盛り上げる手段として、サッカー業界はなかなかいい言葉をつくったものだと、その企画力には感心します。とはいえ「スタンドに駆けつけたサポーター3万人が……」などといった言い方が定着したのはある意味困りもの。プレーヤーやチームを支えようとも、後押ししようとも思っていない、ただ「お祭り会場の雰囲気」に酔いながら楽しみたいという価値観の僕などは、「サポーターじゃないから、サッカー場に入っちゃいかんのかいな」という思いにとらわれないでもないのです。

自分がスタンドで楽しみたい。そのためにきただけなんですが、ボールを追うプレーヤーを必死に応援しないやつは「非国民だ」とののしられてしまうのでしょうか。そんな強迫観念に駆られるんですよ。

野球も、大相撲も、サッカーも、そしてラグビーも、「懸命に後押ししよう」と思って見る人は、そういう観点で見ることが大切です。

反対に「見ている自分たちが楽しい」「日頃のストレス発散になる」と思う大勢の人は、そういう見方をすればいいだけのこと。そして、そちらの数のほうが圧倒的に多いだろうということです。だから、スポーツに「サポーター」が増えることはおおいに結構なんですが、やっぱり僕は「ファン（ｆａｎ）」、つまり熱狂的な愛好者でありたいんです。語源の「ファナティック（ｆａｎａｔｉｃ）」のように「神殿で、神がかり的に狂乱する」かのように、我を忘れて楽しみたい。酒も飲みたいわけです。サッカーの世界に見られる「フーリガン」みたいなことにならない範囲内の「大人としての熱狂」ですね。

前にも言いました。

「感動」「興奮」といった「無形商品」を提供するスポーツの世界と違って、現実に「いい物」を作って、社会に提供する人は、消費者にこびなくてもいいじゃないですか。

僕の知り合いに、抜群にうまいと評判のトマトを作っている農家のおじさんがいます。直売場でも、お客にお世辞は言いません。

信じられないほどうまい日本酒を造って、「これでいいのかあ」って安い値段で売る造り酒屋の社長と親しくしています。この人も、どちらかと言えば、お愛想なしです。

でも、いいんですよ。「あの人のトマトが食べたいから」「あの造り酒屋の酒が飲みたいから」と、客のほうから足を運んでますから。おじさんの家計なり、造り酒屋の経営が成立する顧客を確保しているんですから。

これが、長年「いい物」を作っている生産者の強みです。

逆に、アスリートはつらいんですよ。本人がフィールドを一生懸命に走り回って「いい物です（いい試合内容です）」と訴えても、それが通じるか否かは、お客の好み（考え方）次第で、ガラリ変わりますから。

いいですかい。

スポーツの世界の場合、プレーヤー自身が「いい」と思うプレーに、観衆が声援を送るんじゃなくて、観衆が「プレーを見て気分爽快だ」となった時に、そのいいプレーを見せてくれた「お礼」として「いいぞ」の声がかかるんです。

つまり、「プレーヤーへのを励まし」ではなく、「いいプレーを見て、いい気分になったことへの感謝の気持ち」としての声援なのです。

もしかして、プレーヤーの中には「自分は素晴らしい才能を持っている『選ばれし者（選手）』だから、観衆が尊敬して声援を送ってくれる」と勘違いしている人がいやしませんか。そんなに崇高な精神を持っている観衆は、多くはないんですよ。

だから、昭和の国民的歌手・三波春夫が、「お客様は神様です」と言わねばならなかったのです。彼はよく分かっていたんです。お客様は、ステージの自分に声援を送るためにくるのではなく、客自身が楽しみたいから、入場料を払うのだと。だから「あなた方が主役です」と訴え続けたんです。「客を気分よくさせてなんぼ」の商売であることを、よく分かっていたのです。

このへんが、エンターテインメントの本質論かとも思います。

ですから、プレーヤーたちが陥りやすい「これからも応援してください」「支えてください」の考えは、認識違いですって。

「入場料を払って見にきてください」「いろんなグッズも売っているから、買ってください」

エンターテインメントとすれば、これが本音なんですが、ストレートには言いにくいでしょうね。

「私のプレーを見て楽しんでください。みなさんに満足いただけるよう、全力で戦います」

こういう表現であってほしいんです。

大震災をきっかけに、こんなコメントも日常的になりました。

「見てくれる人に『勇気』や『希望』を『与える』ようなプレーを……」

アスリートはいつから、人にものを「与える」ほど偉くなったのでしょうか。

「僕らのプレーが、みなさんの『生きる勇気』につながれば最高に嬉しいです……」

こういう言い方以外に、どんな言い方があるのですか。

具体的な語り方は、自分自身で考えればいい問題ですよ。要は基本認識を正しく持たねばならないと言ってるんです。

「君たちの給料はどこから出ているのか。プレーからは出ない。入場料を払ったり、グッズを買うファンから出ている」

そういう基本を、です。

その基本に立てば、試合でも、それ以外でも、やるべきことが見えてくるじゃないですか。

「分かる人だけが見ればいい」

そんな考えが、いかに曲がっているかも、分かろうってものです。

大学生のような「アマチュア」であっても、日本のラグビーの最高峰に位置していることは事実。有力校のプレーヤーの多くは、トップリーグに進むのですから。

「プロ」たるトップリーガーならなおさらです。

多くの消費者が「おいしいトマトだ」「素晴らしい日本酒だ」と評価してくれるような生産者な

ら、その味を愚直に追求すればいいだけ。

でも、そうでない場合には、「味を変えるか」「販売方法に間違いはないか」「宣伝が足りないか」「価格は適正か」「おまけをつけて販売しなくてはならないか」……、いろいろ悩むじゃないですか。

愚直に真っ正直なプレーで「勝利」を追求しているだけでは、ファンが熱中してくれないのが日本におけるラグビーだとすれば、やっぱり、エンターテインメントとか商売の基本に立ち返る必要がありはしませんか。ファンの人口を増やし、シーズンを盛り上げ、２０１９年のワールドカップ日本大会を成功させ、「ラグビーで飯を食う」プロとして豊かな暮らしができるための王道は、そこにあるような気がします。


もっとも、トップリーガーの生活のことまで、僕が心配したって仕方なし。

ラグビーを愛する僕らは、秋冬の半年間、スタンドで、テレビの前で、大好きなラグビーを堪能しつつ、うまい酒を飲みたい。この「至福の時間」を取り戻して、この先ずっと続いてほしいだけ。

それが切なる願いなんですよ。

エピローグ

酔いどれ観戦「最高の相棒」

僕にはラグビー観戦をするうえで「人生最高の相棒」がいました。

その男とラグビーを見ながら酒を飲んでいると、理屈抜きに楽しかったのです。お互いの家族と一緒のときより、幸せ気分を満喫していたかもしれません。

僕は高校時代にラグビー部員でしたが、その後は草ラグビーを楽しむ程度。相棒にいたってはラグビー経験なし。

そんなふたりなのに「ただただラグビーを楽しみたい」と秩父宮ラグビー場や花園ラグビー場はもちろん、いろんな会場に足を運びました。一緒にテレビ中継も見ました。

ラグビー観戦というのは、「ひとりでじっくり」も味わい深いのですが、僕らはいつもみんなでワイワイガヤガヤ、酒飲んで、野次飛ばして、勝手に盛り上がるんです。僕らの仲間は、僕らのスタイルで。家族連れなら芝生席にピクニックシート、その上に弁当を広げて。カップルなら、ずっと手をつなぎながら、熱戦に汗ばんでいる彼女の手を握って「僕のことがこんなに好きなんだな……」などと誤解しながら。

僕はシラフでラグビーを見ることなど、ほとんどないんです。いやなに、ラグビーを見るだけでも十分に心躍る体質なんですが、さらに「悪乗りせよ」とささやく、もうひとりの僕がいるんです。「せっかくスタンドにいるんだ、この興奮をもっと高めなきゃ損だ。そのためには何がいる？　決まってる。酒や、酒買うてこんかい（なぜ、ここだけ関西弁になるのかはさておき）」

別に「酒を買ってこい」と言わなくとも、背負ったリュックには冷えたビールや日本酒（寒い時期は、熱燗をポットに入れて行く）、ワイン、ウイスキーなんぞと、各種おつまみがつまっています。

キックオフの30分くらい前にスタンドに着いたとするなら、それから合計2時間以上もの「青空宴会」なのであります。

ある年の学生リーグの試合場。

試合が終わって帰り際に、ビールの空き缶が満杯につまった45リットルのごみ袋（普通の家庭で可燃ゴミを出す、あの大きさです）を背負って、「よくもふたりでこれだけ飲んだもんだ」と顔を見合わせてニヤリとする僕と相棒。

「ちょっと待っててくれ」と言って姿を消し、20分もしてから戻ってきた相棒。

「勝利監督インタビューに紛れ込んできた。ひとつ質問したら、どういうわけか監督が変な顔してたぞ」

平然と笑うあいつ。

「当たり前だ。真っ赤な顔した酒臭い変なおじさんじゃないか。よくつまみ出されなかったもんだ。質問って、メモ帳かなんか持ってたのか？」

「いやなに、ポケットに白いハンカチがあったから、それを片手にボールペンでメモするふりしてたんだ」

ここまでくれば、「お見事！」と脱帽するしかありません。

「おお、日が暮れてきた。さあ行くか」

お互いに、もう十分すぎるほど飲んでいるのに、スクラムみたいに肩組んで、夜の街の居酒屋になだれこんでいくんです。


「僕がラグビーに人生を救われた5つの理由」のところで触れましたが、新聞記者時代に、その社のラグビー部で僕が決勝トライを決めたことがありました。

試合後、僕は夕方から仕事でした。昼間仕事を終えた相棒は、僕の仕事がひと段落つく深夜零時すぎまで会社に残って待っていました。

「おい、決勝トライだってな。こんな日に酒飲まんで、いつ飲むんだ。仕事終わるまで待ってるからな」

大阪の場末の居酒屋。僕らは朝まで痛飲しました。「痛快に」「飲んだ」のです。

「みなさん、こいつ、決勝トライですわ。なんぼ偉いか。カッカッカッ……」

相棒はまわりのテーブルのお客さんに語りかけては、そう言い続けました。

「人の喜びを、自分の喜びにできる」

そんな愛すべき男でした。

「こんな相棒とこれから先もずっと、ラグビー見ながら酒を飲める僕は幸せ者だな」

心の底から、そう思っていました。

そんな人生最高の相棒が、僕らの前からいなくなって6年がすぎました。

40代の若さで、重い病の宣告。そして手術、職場復帰、再入院……。

病室でも奥さんに「ラグビーのテレビ中継があるから録画しておいて。家に帰ったら見るから」と言っていました。今でも、相棒の自宅には、名勝負のビデオが並んでいます。

彼が旅立った年、大学ラグビーで彼の母校が優勝しました。

その試合を見ていた僕は、相棒の分も酒を飲みました。

「ばかなやつだ。うまい酒にありつけるってのに、ここにいないなんて……」

そうつぶやきながらも、その酒は苦いばかりでした。ラグビー見ていて、酒がまずかったのは、生まれて初めての経験でした。

僕は思います。

ラグビー経験のない、相棒のような男こそ、ラグビーを支える力強いファンなんだと。

他のスポーツと違って、自らプレーするには危険が多すぎるじゃないですか。僕自身、右肩脱臼が癖になって、日常の暮らしにもちょっとだけ支障があるし。

だから、「もっぱら観戦」のファンが大切なんです。こういうファンを増やさなければ、ラグビー自体が成り立っていかなくなる気がします。

ただ、僕と相棒のように「バカ丸出し」の酔いどれ観戦を好む人は、たしかに少数派でしょうね。酒をおいしく飲むために、「ラグビーという史上最強の肴がある」と考えている者は。

多くのファンは、プレーを見て楽しいか楽しくないかで判断します。

「内容が面白ければ、人は見に行く」ものだし、「つまらなければ、見に行かない」でしょう。

そんな当たり前のことを考えたとき、ラグビーの未来が明るいとは言えない現状は、本気で心配しないといけません。

ラグビーが、通常の試合はもちろん、ワールドカップ日本大会の試合でもスタンドが満員札止めになる。トップリーグや学生ラグビーのテレビ中継がもっと増えている。そんなふうに「逆襲」が現実のものとなる日を目指して、みんなでこのスポーツの魅力を発信し続けようじゃないですか。

居酒屋で僕のラグビー話を聞いているうちに「それ、本にしましょう」と言ってくださった言視舎の杉山尚次社長、僕など足元にもおよばない「ラグビー狂」で、語り出すと止まらないアナウンサーの四家秀治さん、この本の完成はおふたりのお陰です。おじさん3人で群馬にある四万温泉・やまぐち館に泊まって、大酒飲んで語り合ったことが、結実してしまいました。

高校ラグビー取材も経験、今は科学環境部門の新聞記者であるカミさんにも、「普通のラグビーファン」としての視点でアドバイスをもらいました。

地元のラグビーチーム「レッドジンジャーズ」の皆さんのラグビー観もおおいに参考になりました。

そしてなにより、30代、40代と、互いにラグビーに大歓声をあげながら酔いどれ観戦を続けた末に、自分だけさっさと向こう岸に渡ってしまった親友・松原良次にこの本を捧げたいのであります。

君なら「ウンウン、そうなんだよな」とうなずきながら読んでくれるだろうから。

[著者紹介]

木部克彦（きべ・かつひこ）

1958年群馬県生まれ。新聞記者を経て、ジャーナリスト・出版業。
出版社「あさを社」（群馬県高崎市）を運営。企業家・政治家、多くの人たちの「聞き書き」による自分史・回想録を数多く手がけ、「自分史の達人」と評される。食・料理・地域活性化論・社会福祉論・葬儀論等の分野で取材・執筆。
高校ラグビー部でプロップ、フランカー、ナンバー8。その後は東京・大阪・高崎市で草ラグビーチームに参加。高校時代に果たせなかった「ウイングとしてカッコよく走ってトライ」の悲願を実現。酔いどれラグビー観戦の魅力を周囲に"伝導"している。
【主な著書・編著書】　『群馬の逆襲』『高知の逆襲』『本が涙でできている16の理由』（彩流社）。『トバシ！〜小柏龍太郎は絵を描くことをトバシと言う』（あさを社）。『捨てられた命を救え〜生還した5000匹の犬たち』（毎日新聞社）など。

四家秀治（よつや・ひではる）

1958年千葉県生まれ。RKB毎日放送、テレビ東京のアナウンサーを経て、現在はフリー。
学生時代ラグビーをやっていた父の影響で幼い頃から半ば強制的にラグビーを観戦させられ、結局ラグビーフリークになり現在に至るが、スポーツ全般をこよなく愛する実況アナウンサー。
【実況略歴】2000年シドニーオリンピック　ジャパンコンソーシアム（NHK民放混成の実況アナウンサーチーム）16人の一人として派遣され、ソフトボールとボクシングの全試合の実況を担当。2003年第5回ラグビーワールドカップ　メインアナウンサーとして、開幕戦、日本戦、準々決勝、準決勝、決勝の実況を担当。

装丁………山田英春
DTP 制作………勝澤節子

ラグビーの逆襲
勝手に本気に“再メジャー化計画”！

発行日❖2011年9月30日　初版第1刷

著者
木部克彦 with 四家秀治
発行者
杉山尚次
発行所
株式会社言視舎
東京都千代田区富士見 2-2-2 〒102-0071
電話 03-3234-5997　FAX 03-3234-5957
http://www.s-pn.jp/
印刷・製本
㈱厚徳社

ISBN978-4-905369-11-0 C0075

言視舎が編集・制作した彩流社刊行の関連書

978-4-7791-1071-9

群馬の逆襲

日本一“無名”な群馬県の「幸せ力」

笑う地域活性化本シリーズ1　最近なにかと耳にする「栃木」より、ちょっと前の「佐賀」より、やっぱり「群馬」は印象が薄く、地味？もちろんそんなことはありません。たしかに群馬には無名であるがゆえの「幸せ」が、山ほどあるのです。

木部克彦著

四六判並製　定価1400円十税

978-4-7791-1082-5

高知の逆襲

混迷日本を救う「なんちゃじゃないきに」!

反骨、頑固、楽天気質！　龍馬をはじめとして土佐・高知はいつも「逆襲」モード。高知に学べば日本全体の「逆襲」が始まるかも。地元を元気にする情報を満載、他地域に応用でき、ひいては日本を活気づける智恵がここに。

木部克彦著

四六判並製　定価1400円十税

978-4-7791-1034-4

本が涙でできている16の理由

ドキュメント！感動の「個人出版」

だれも語らなかった真っ当な「個人出版」の真実。時として本は、命と同じ重さになることがあります。ぐっとくる全部本当の話です。ちゃんとした「個人出版」の現場は、こんなに感動に満ちているのです。

木部克彦著

四六判並製　定価1600円十税